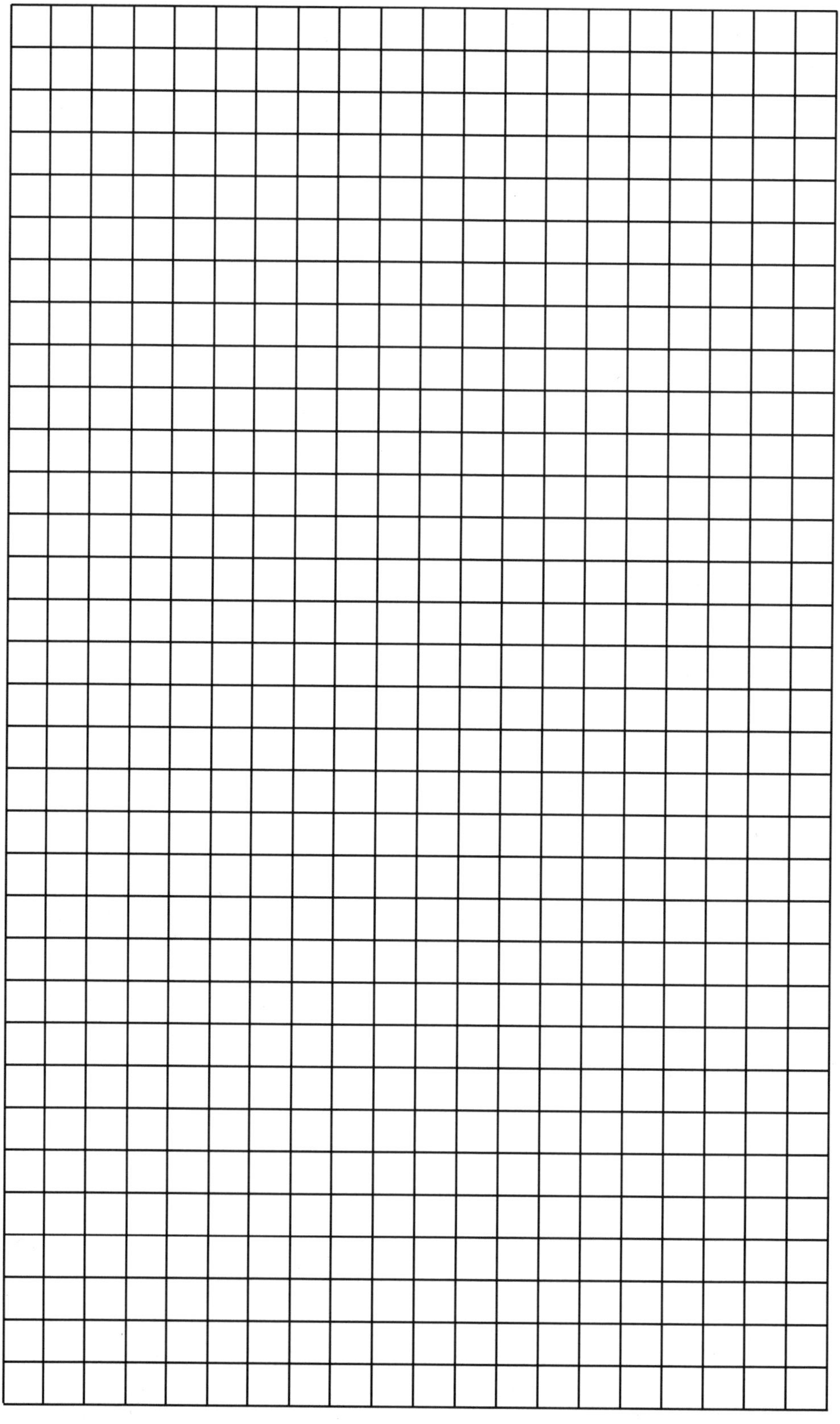

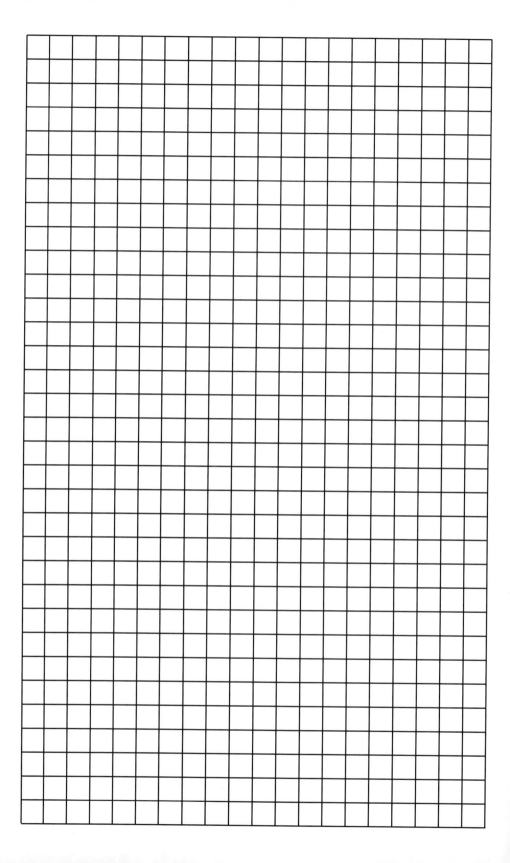

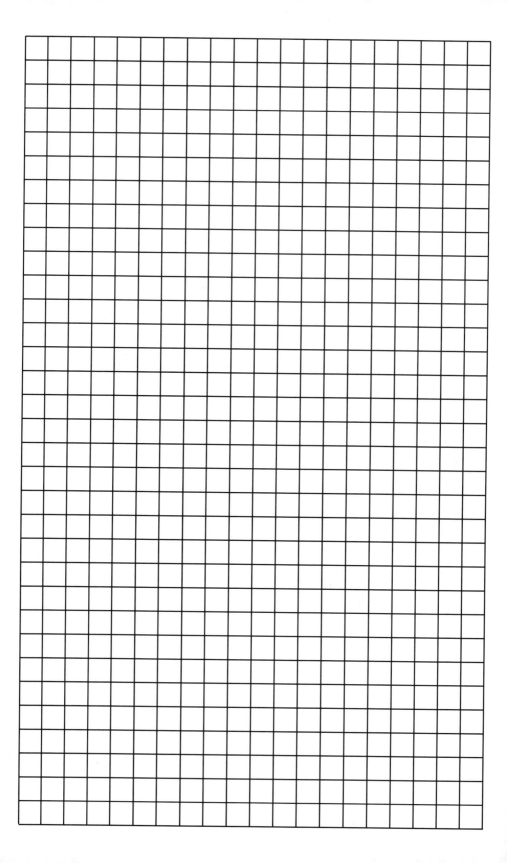

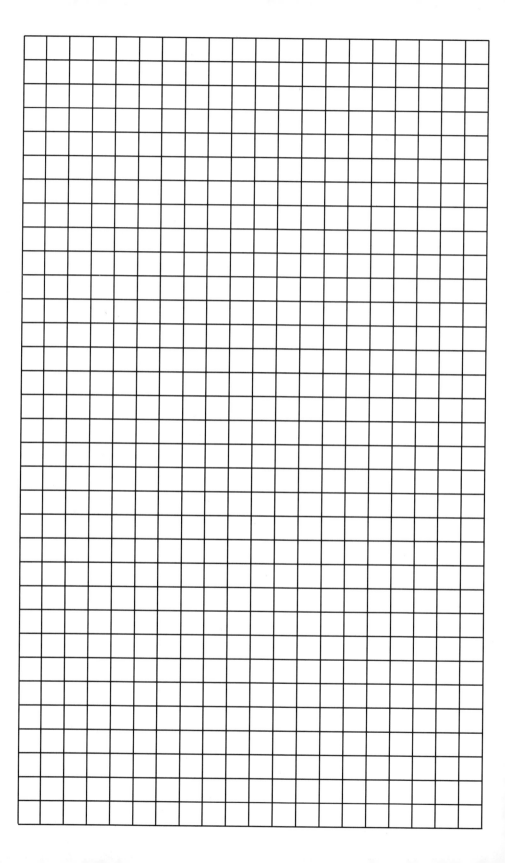

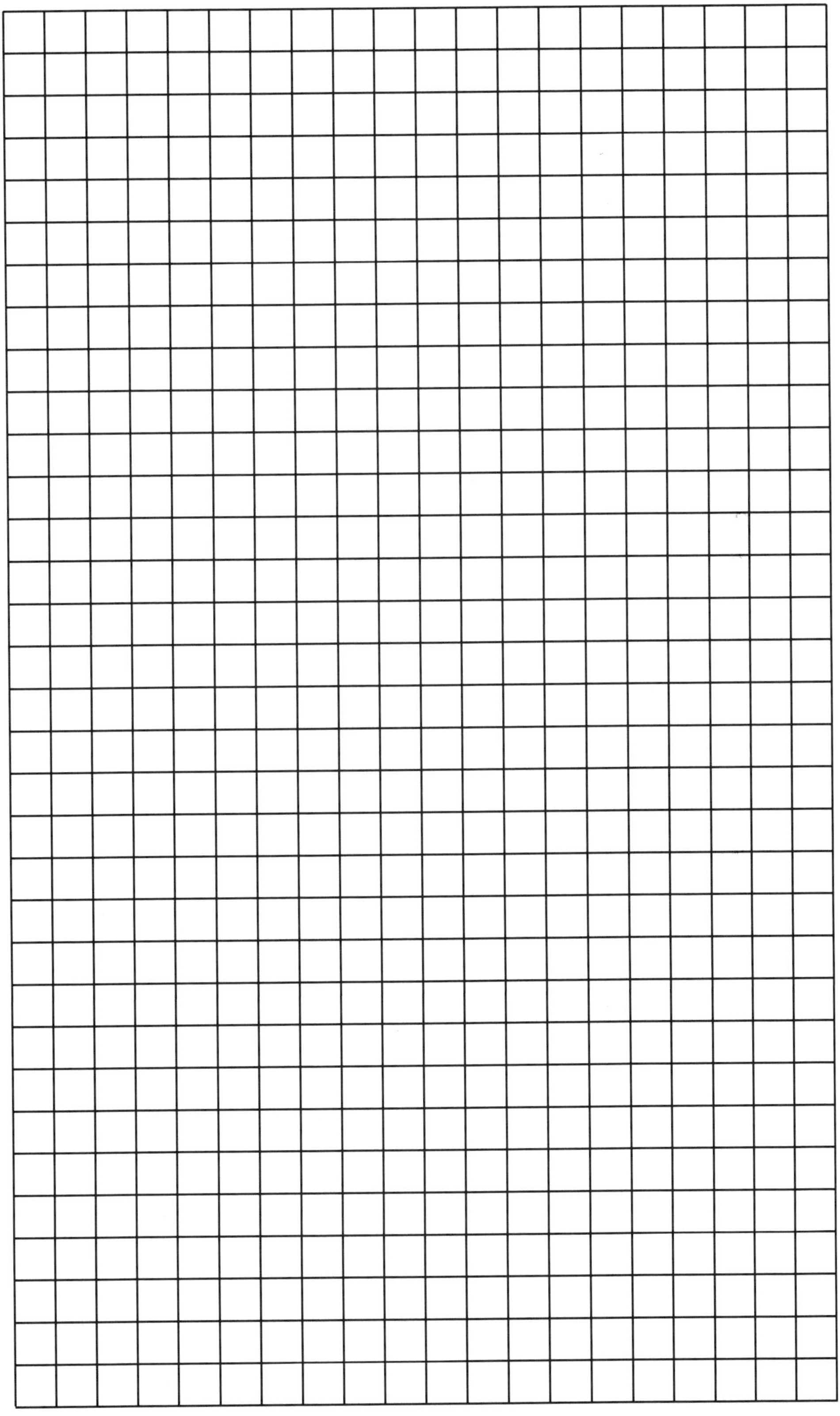

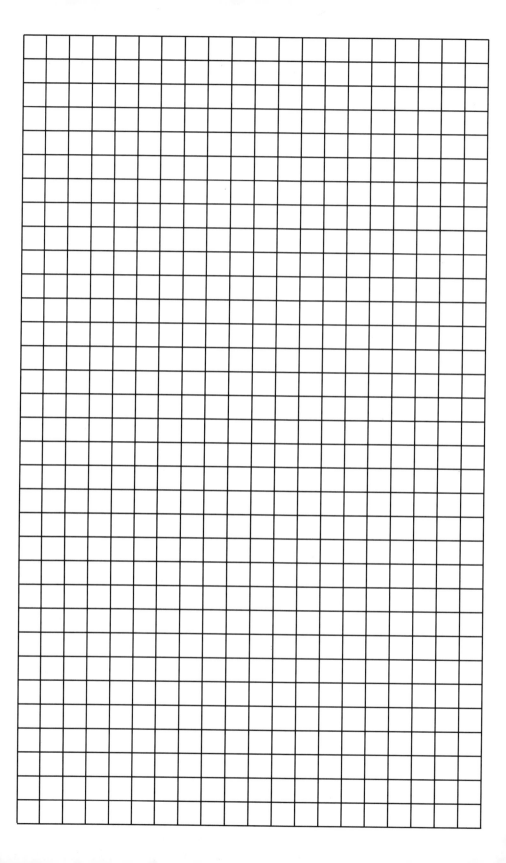

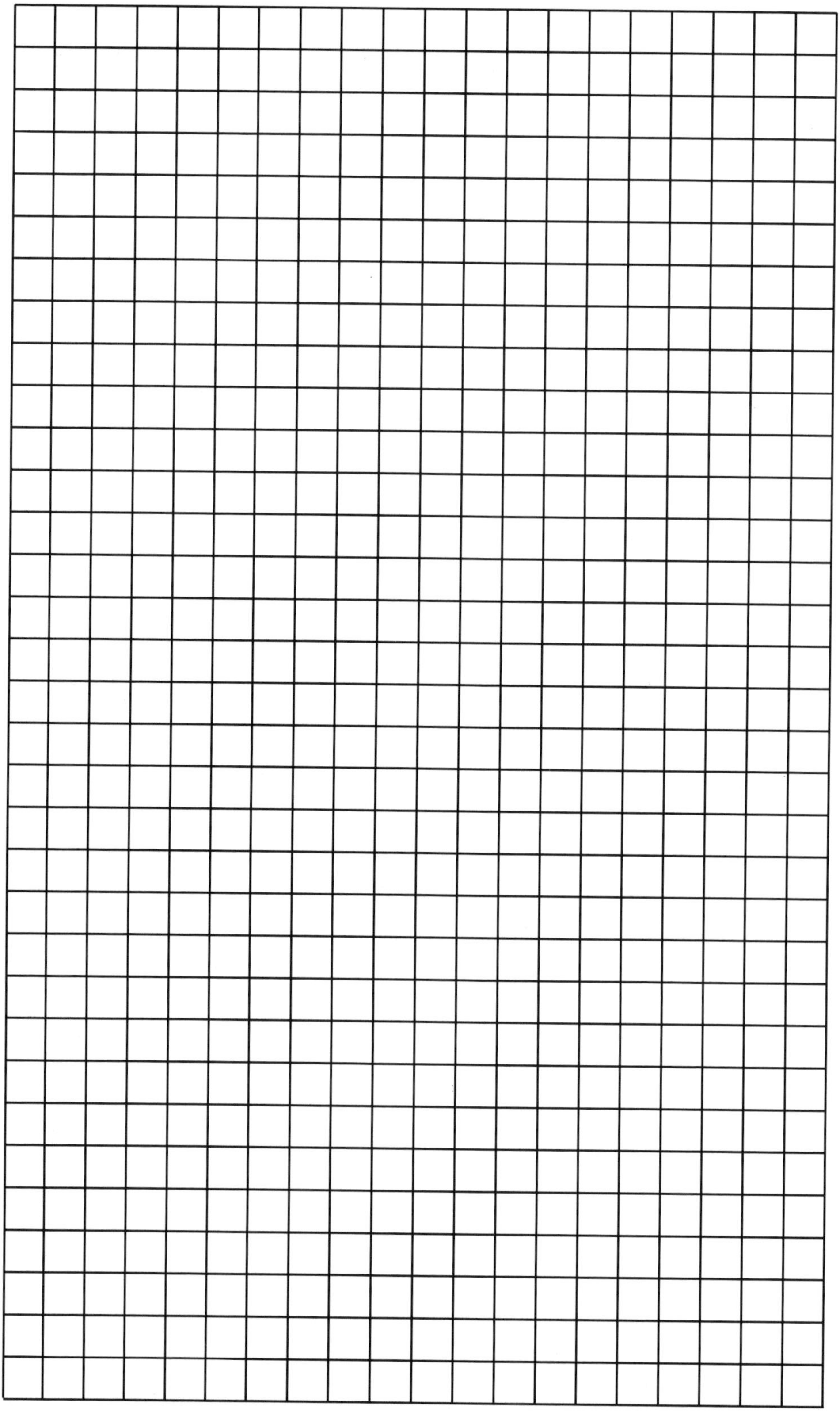

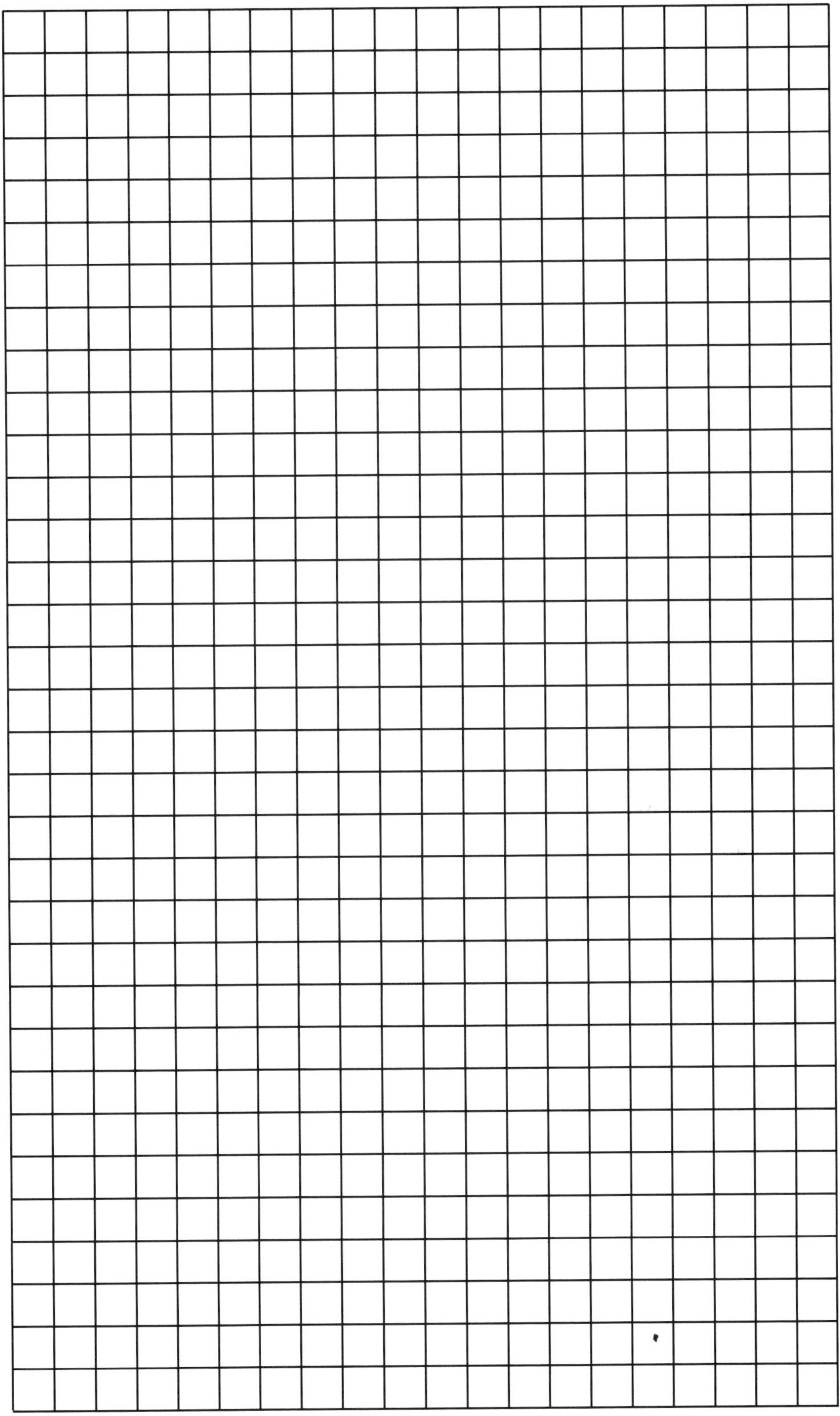

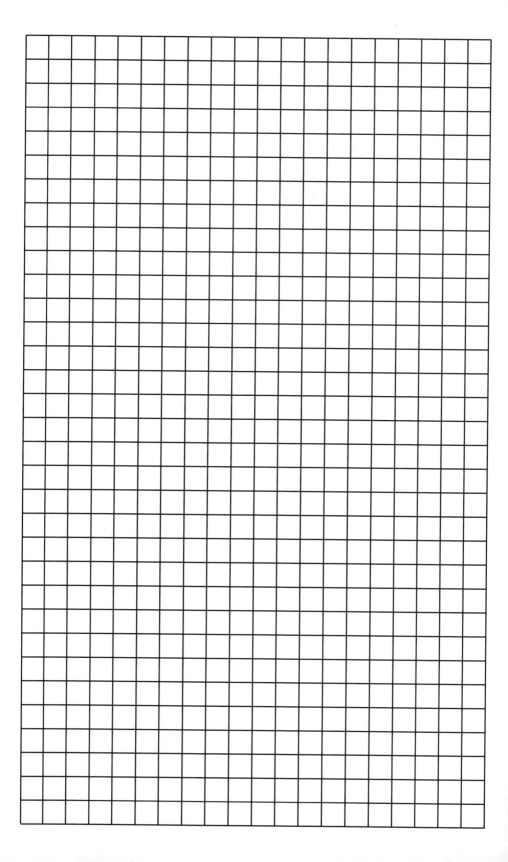

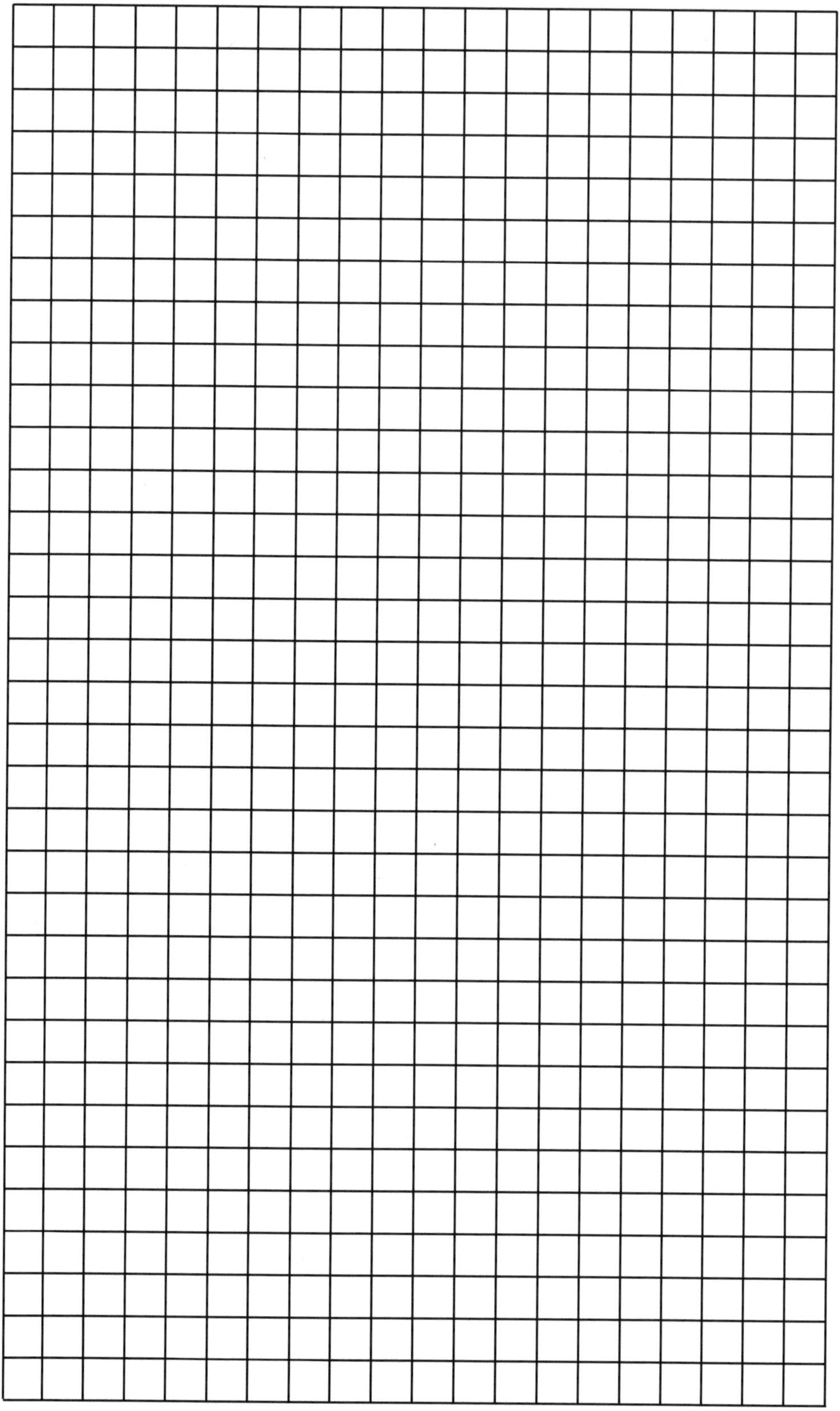

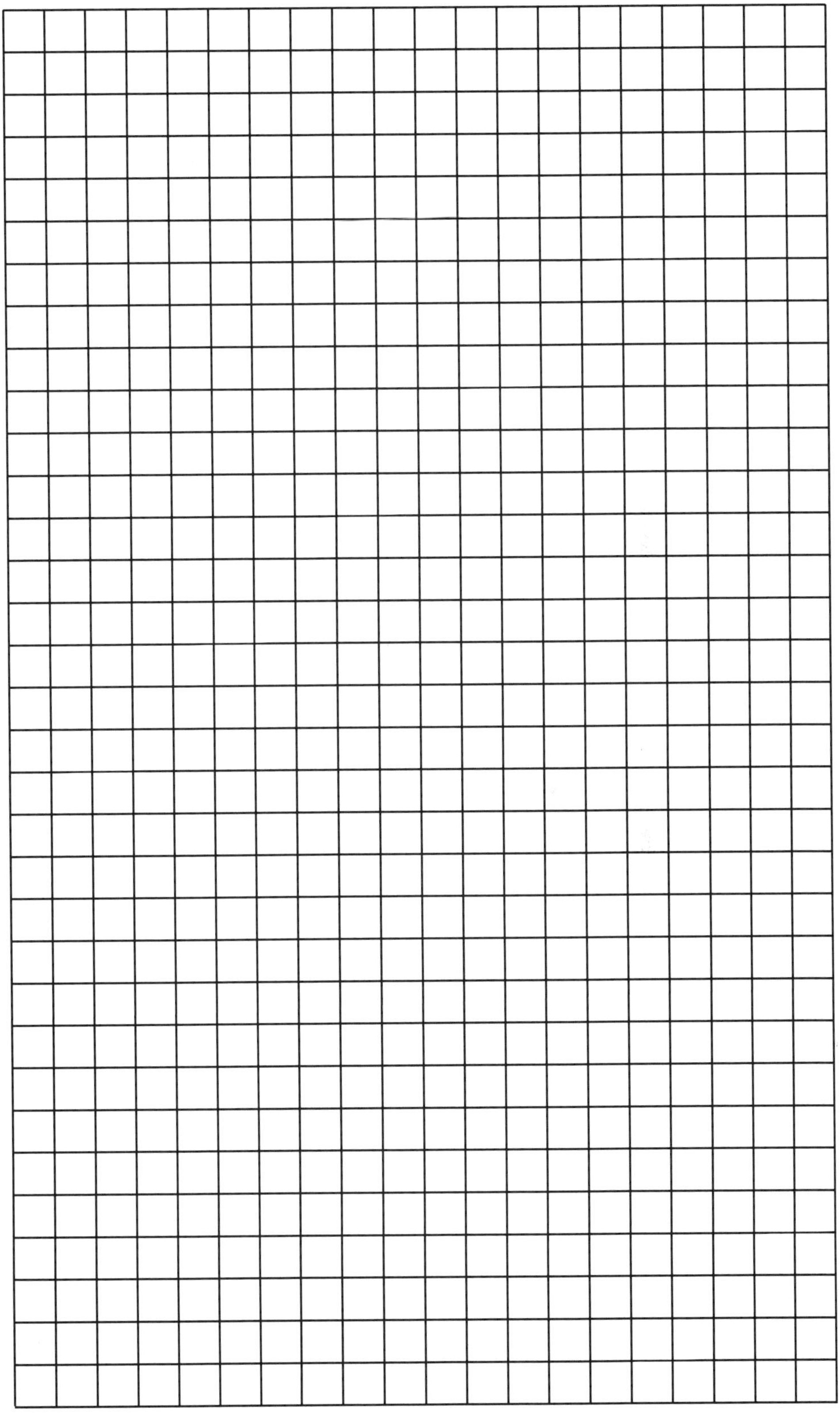

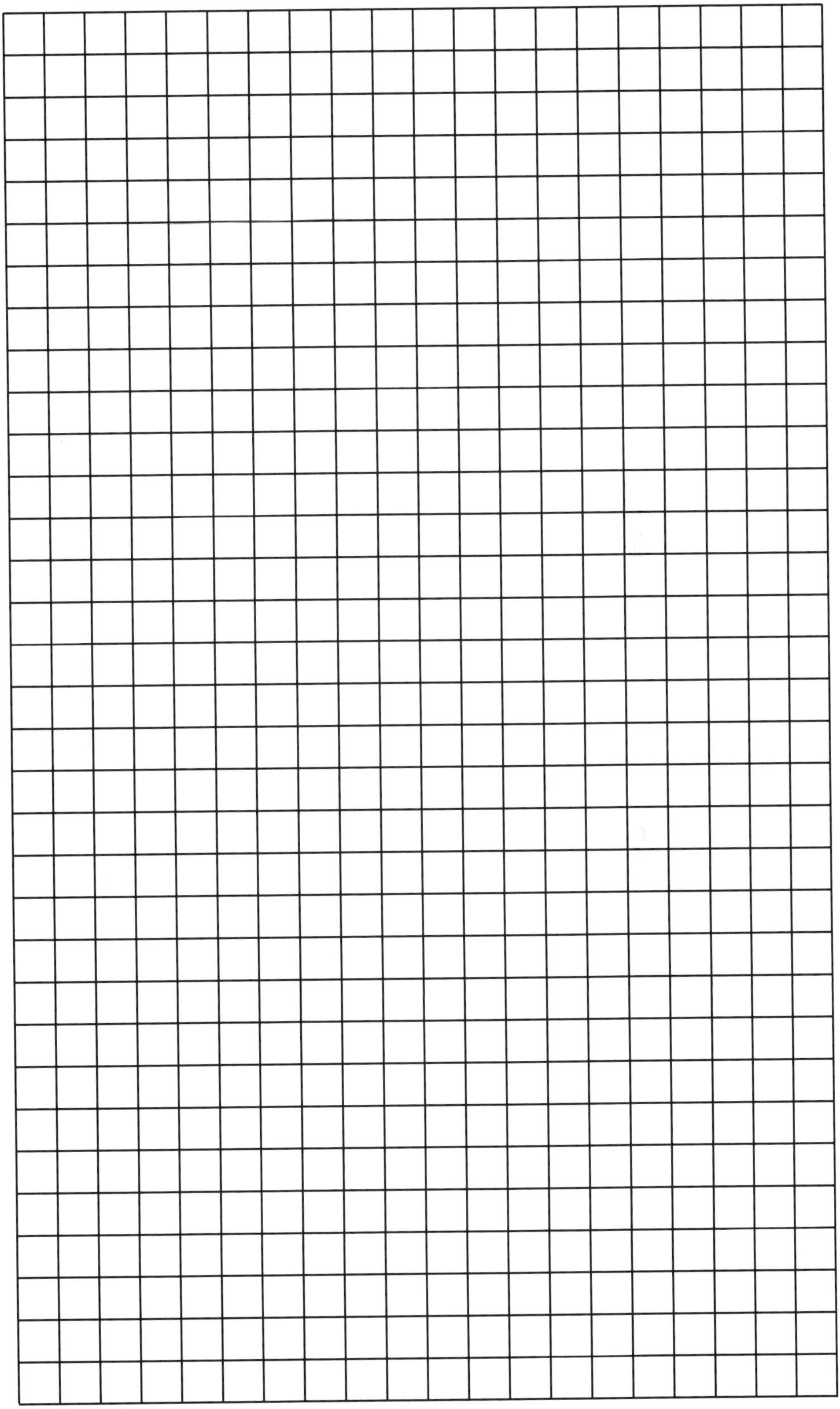

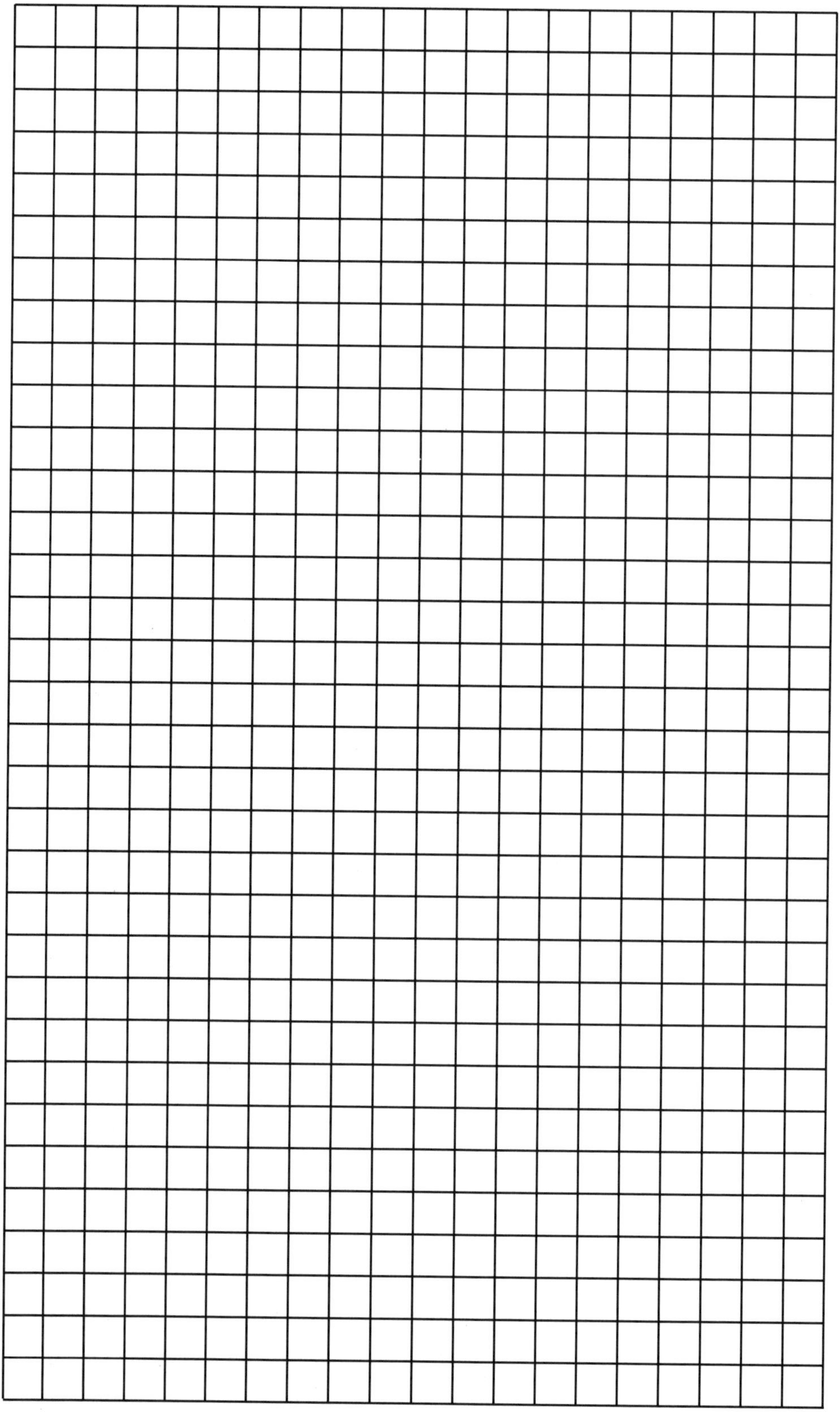

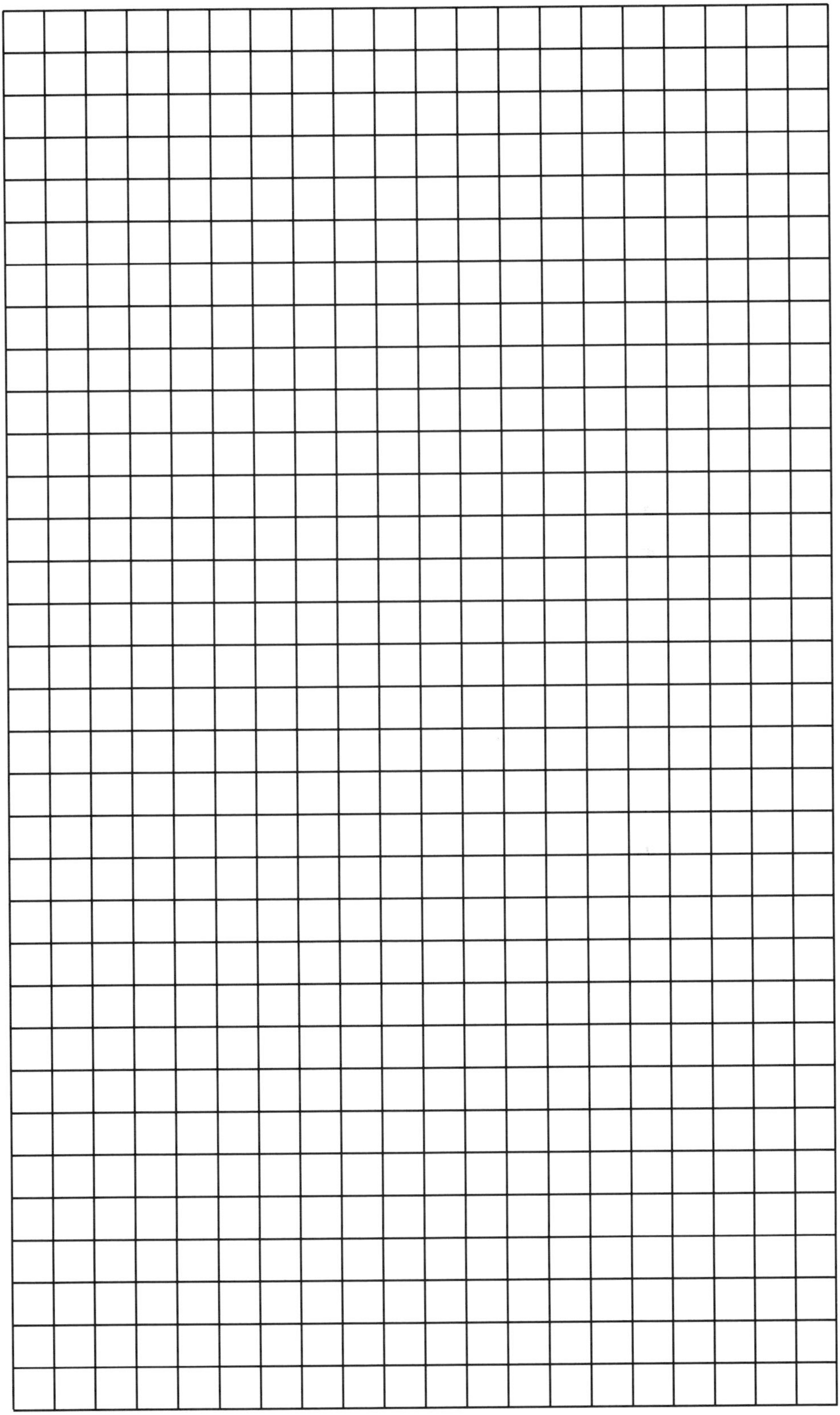

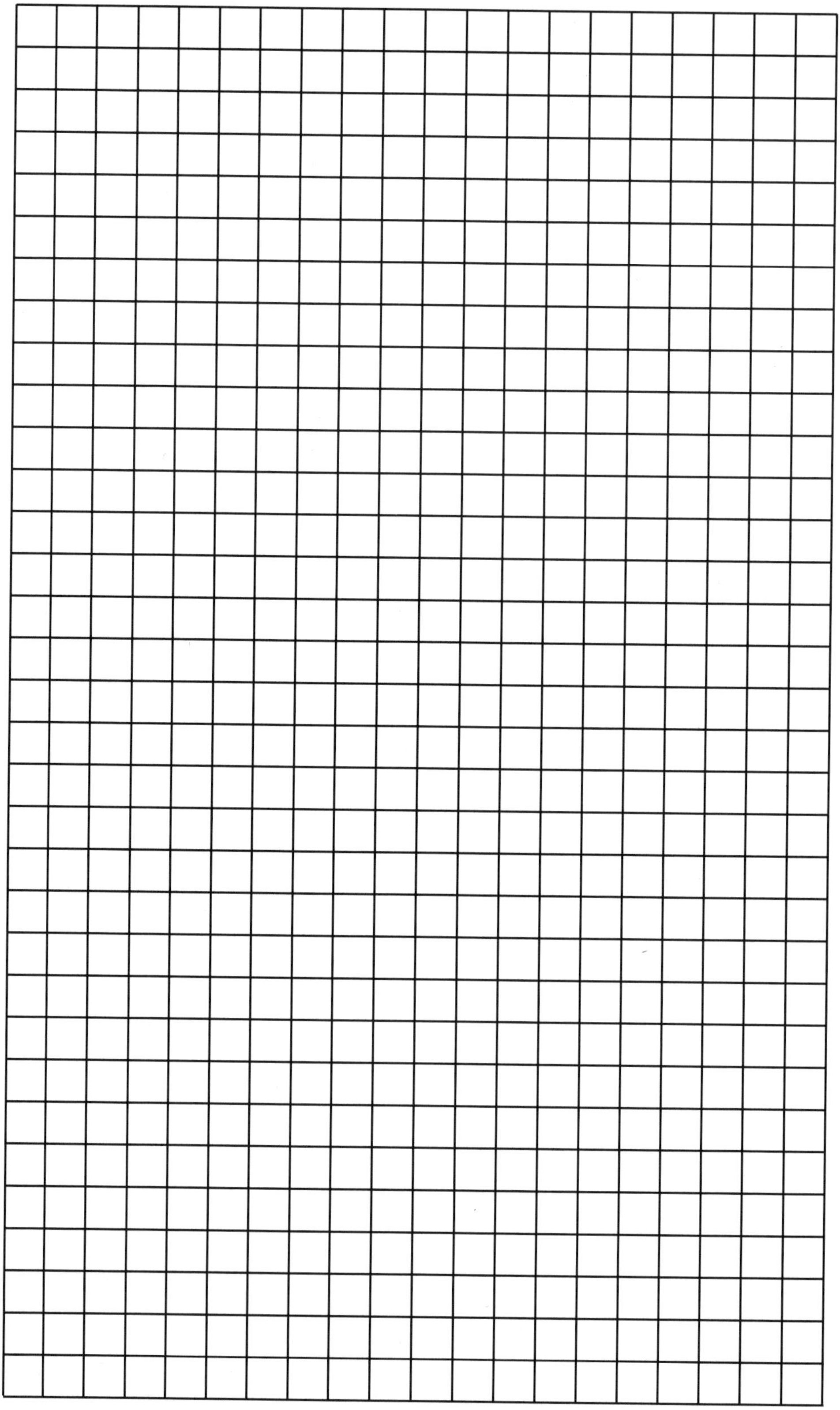

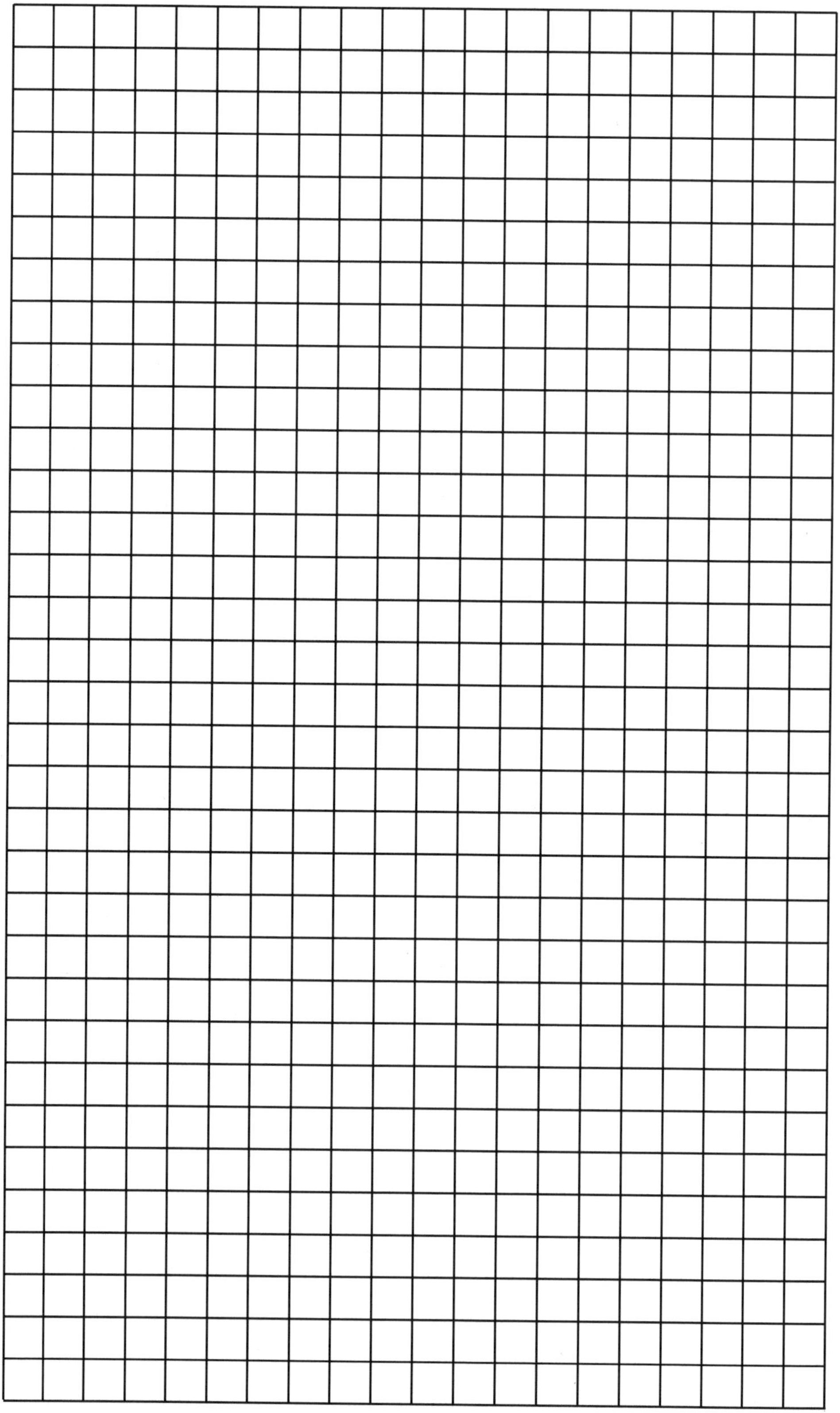

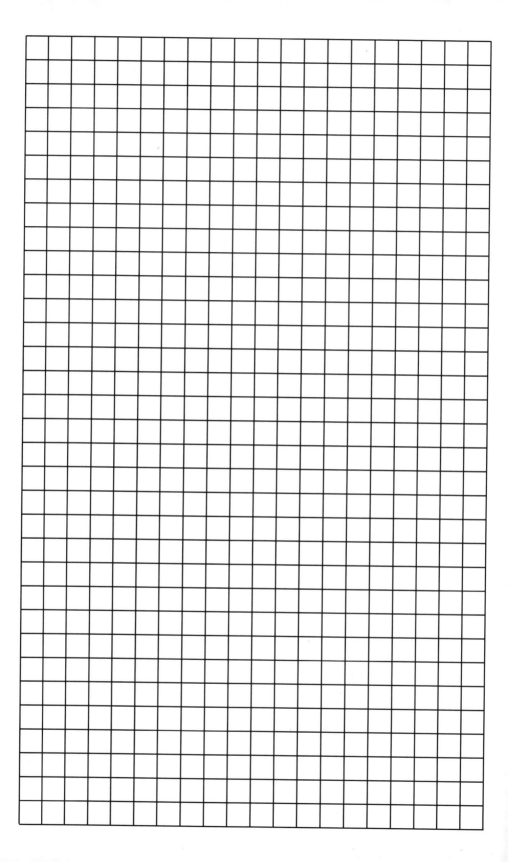

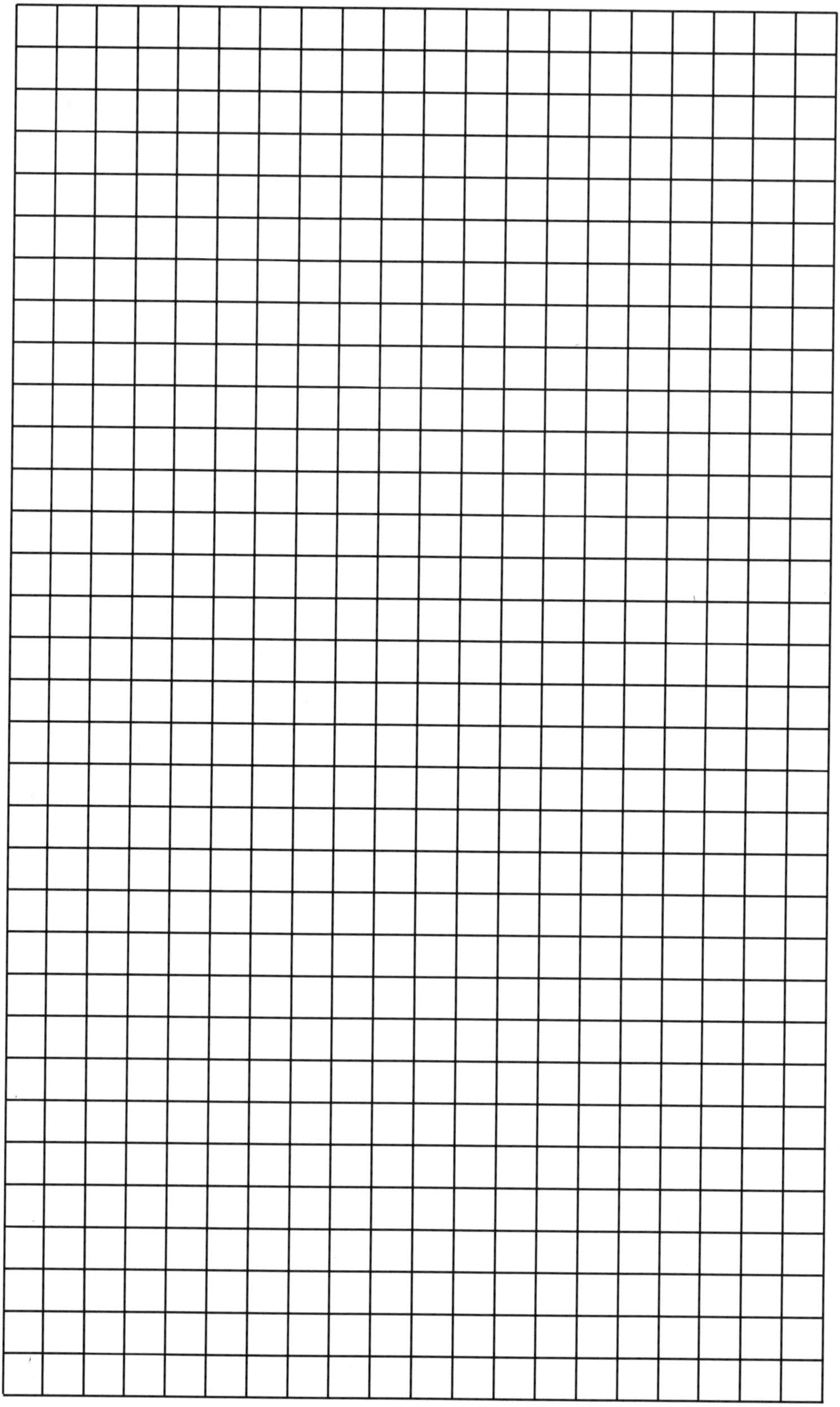

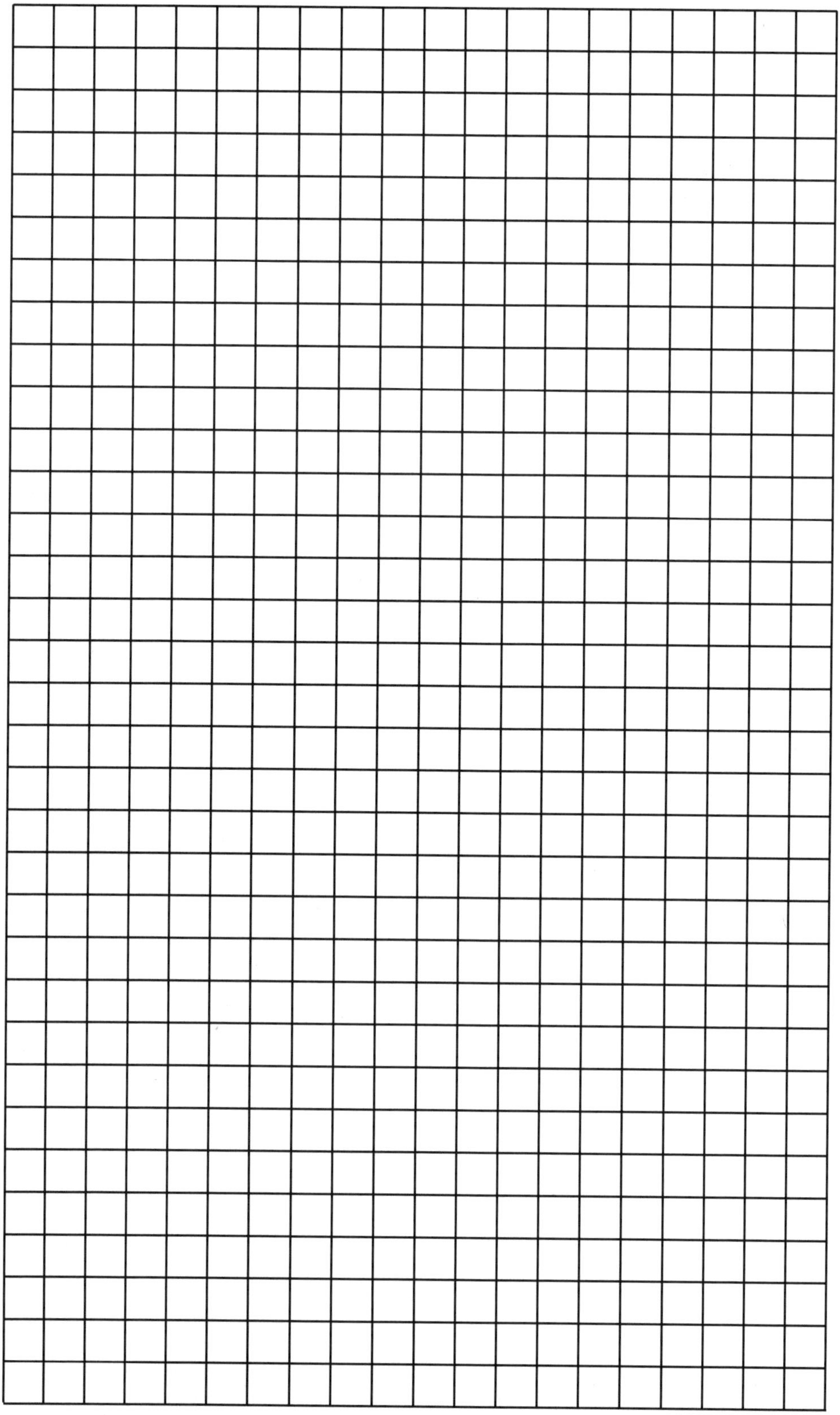

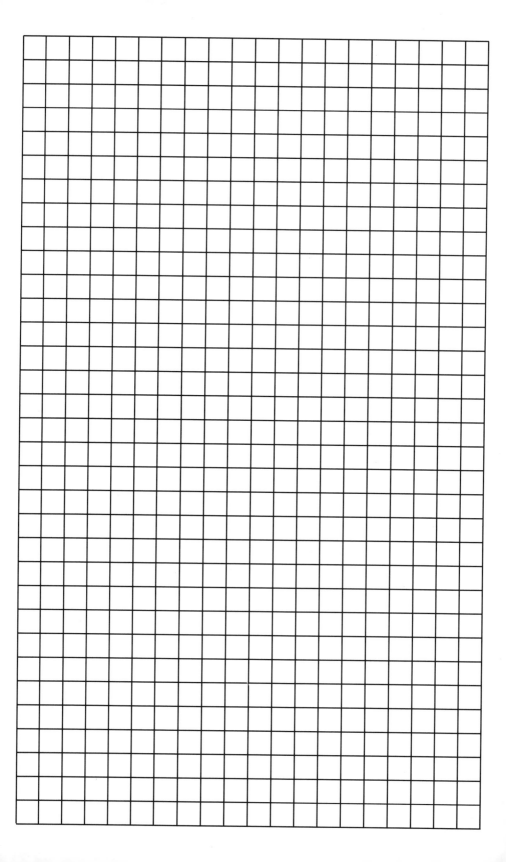

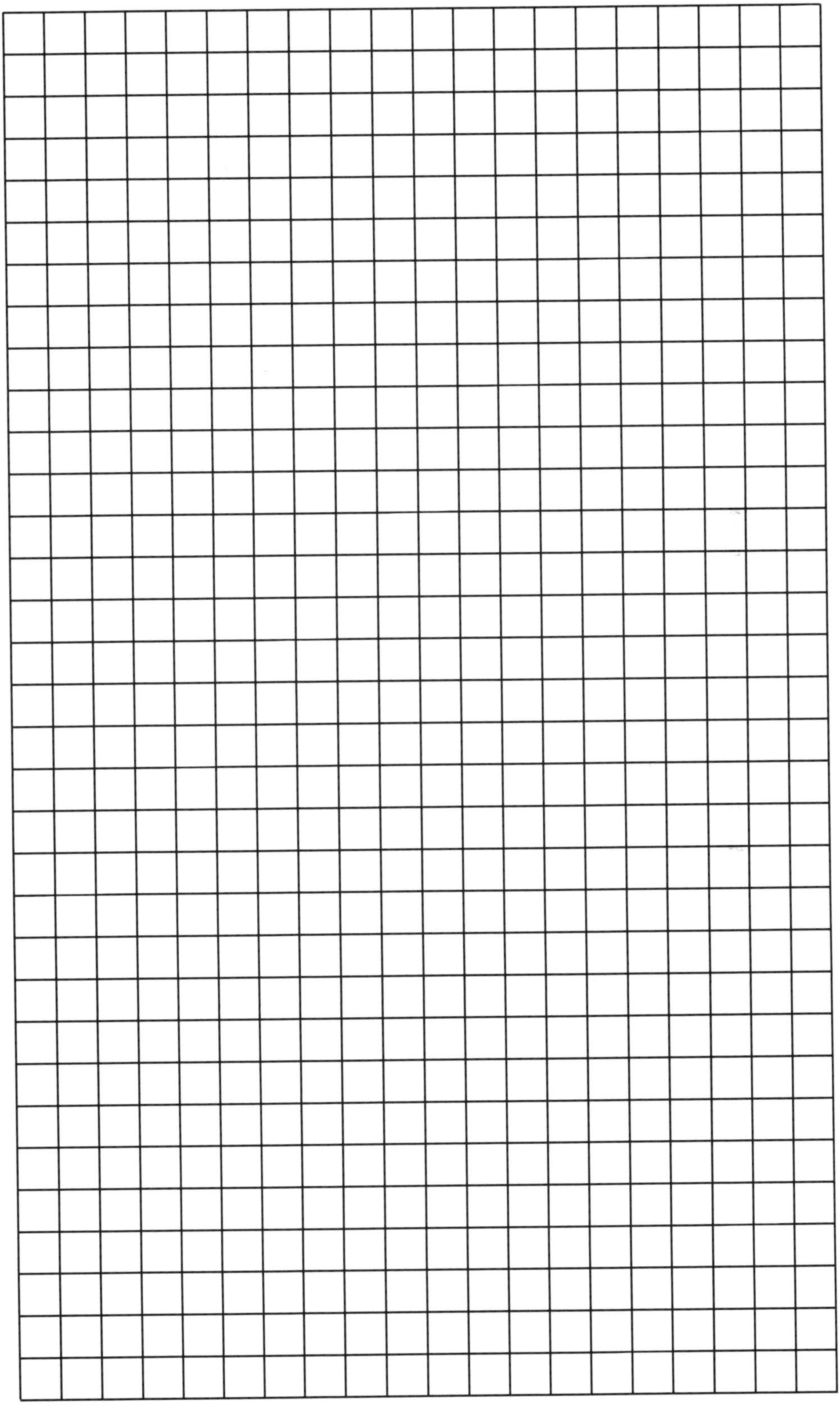

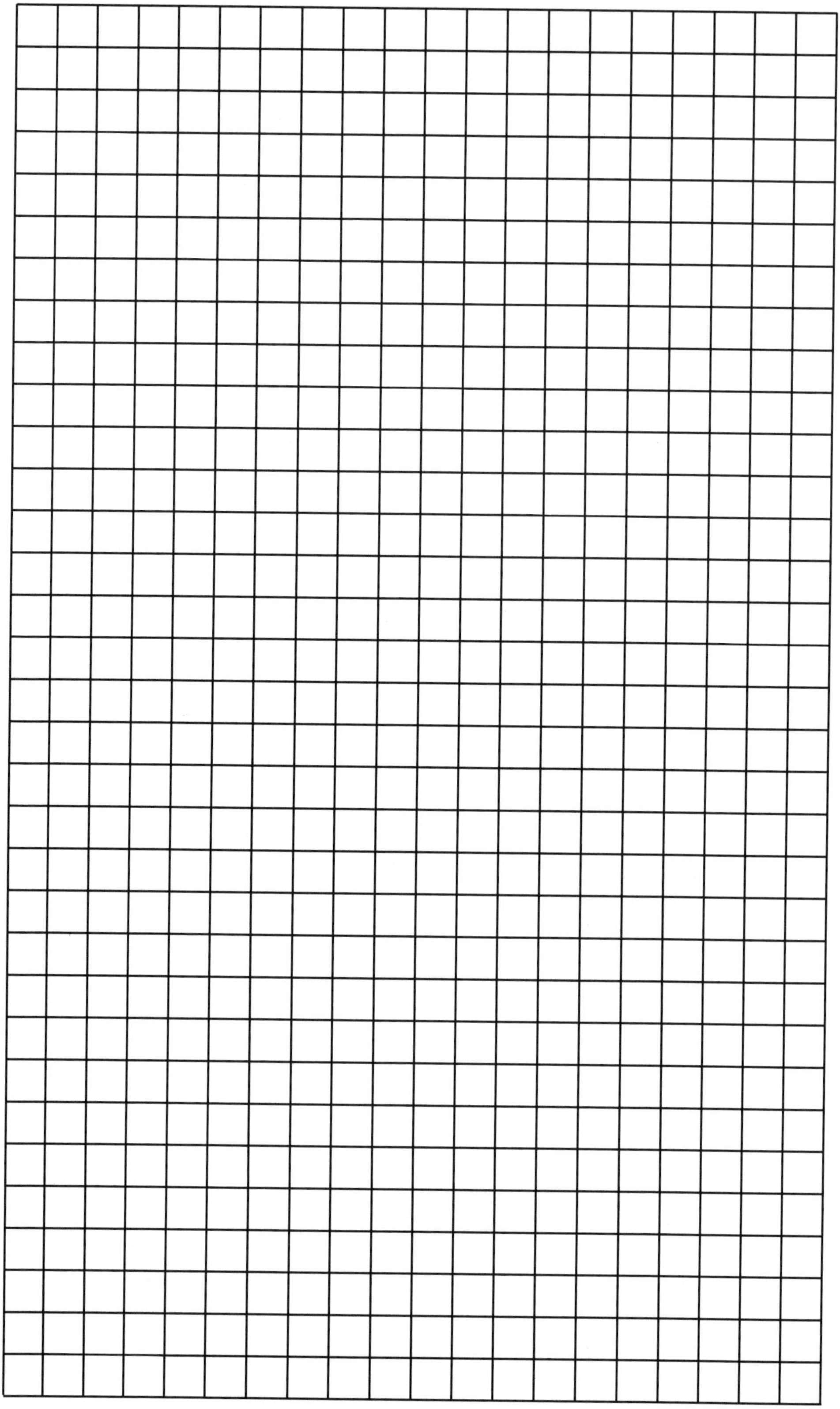

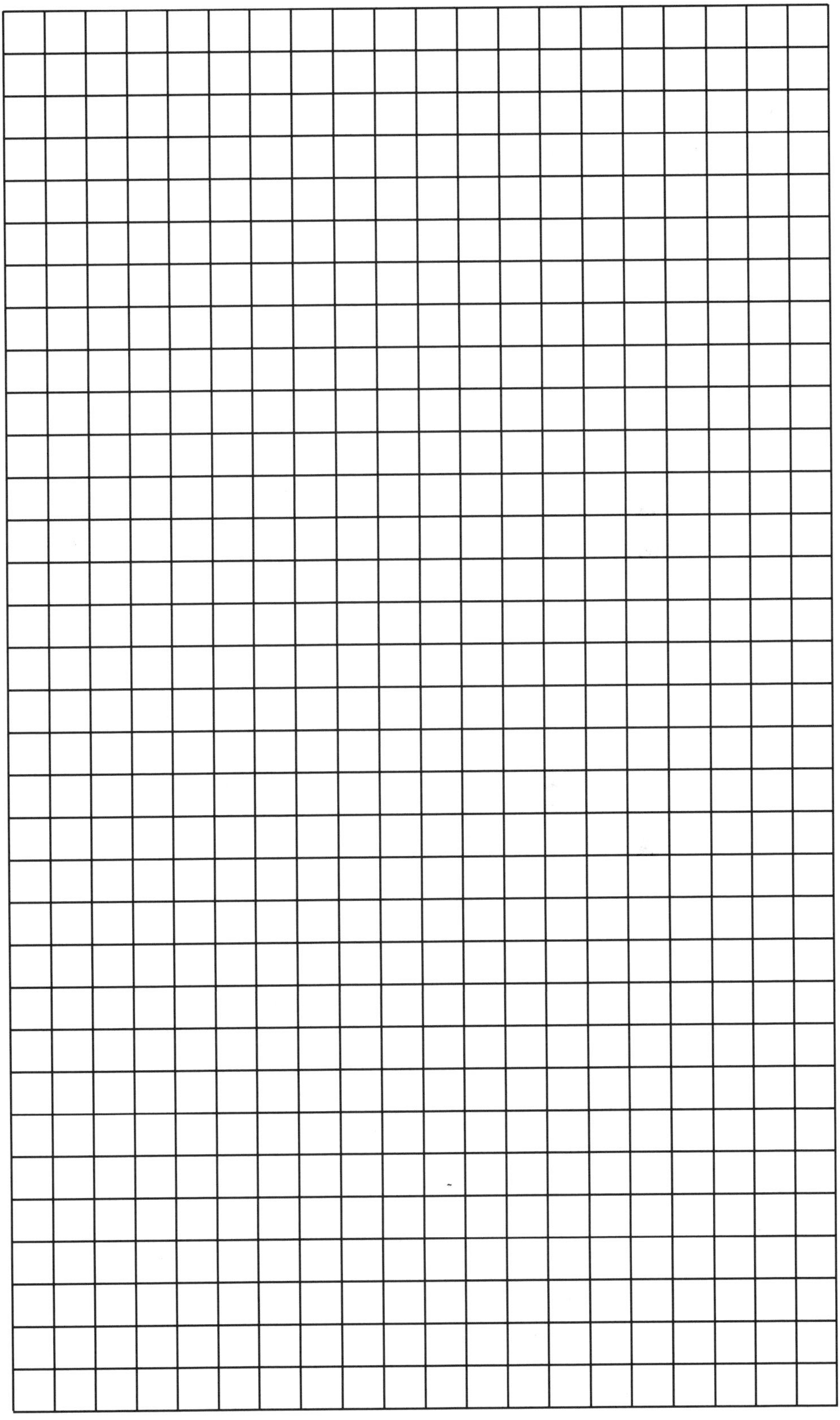

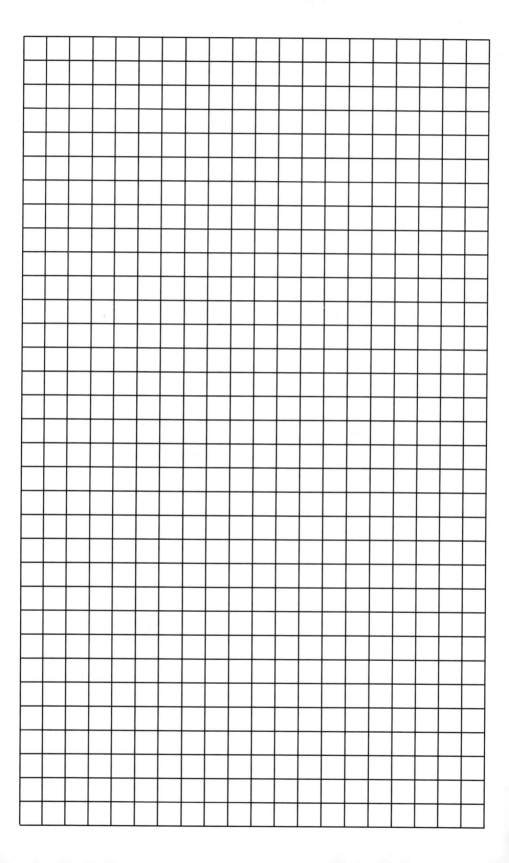

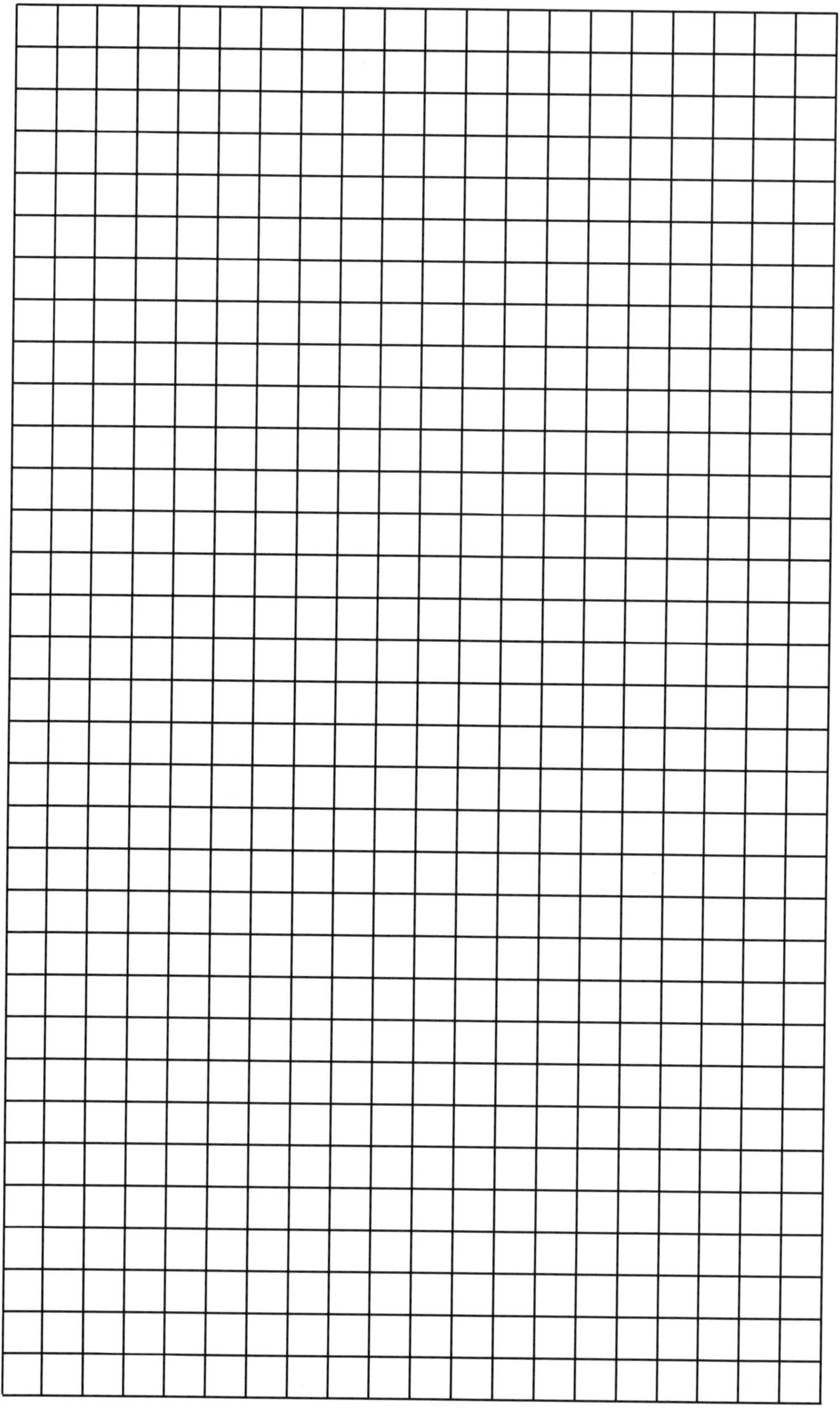

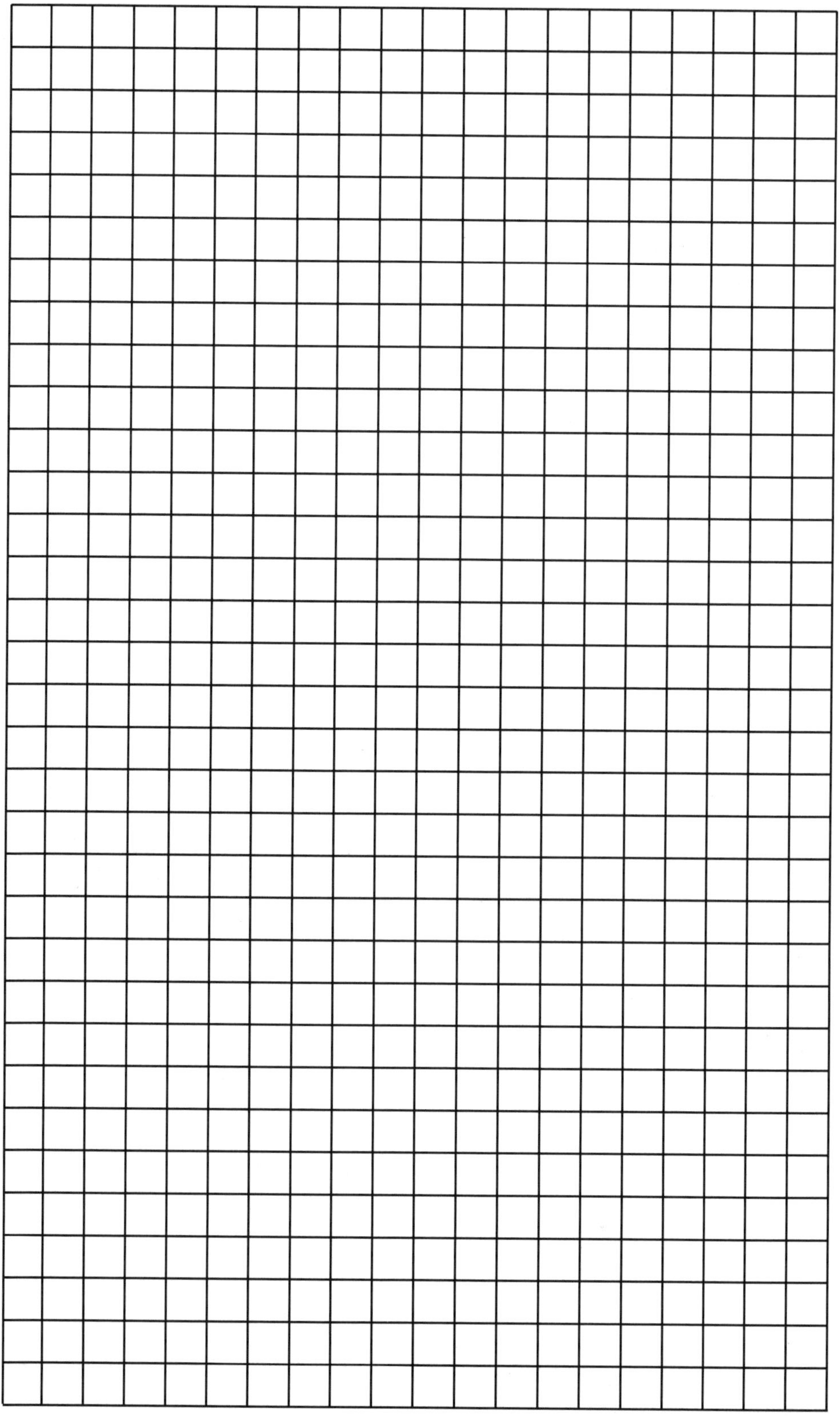

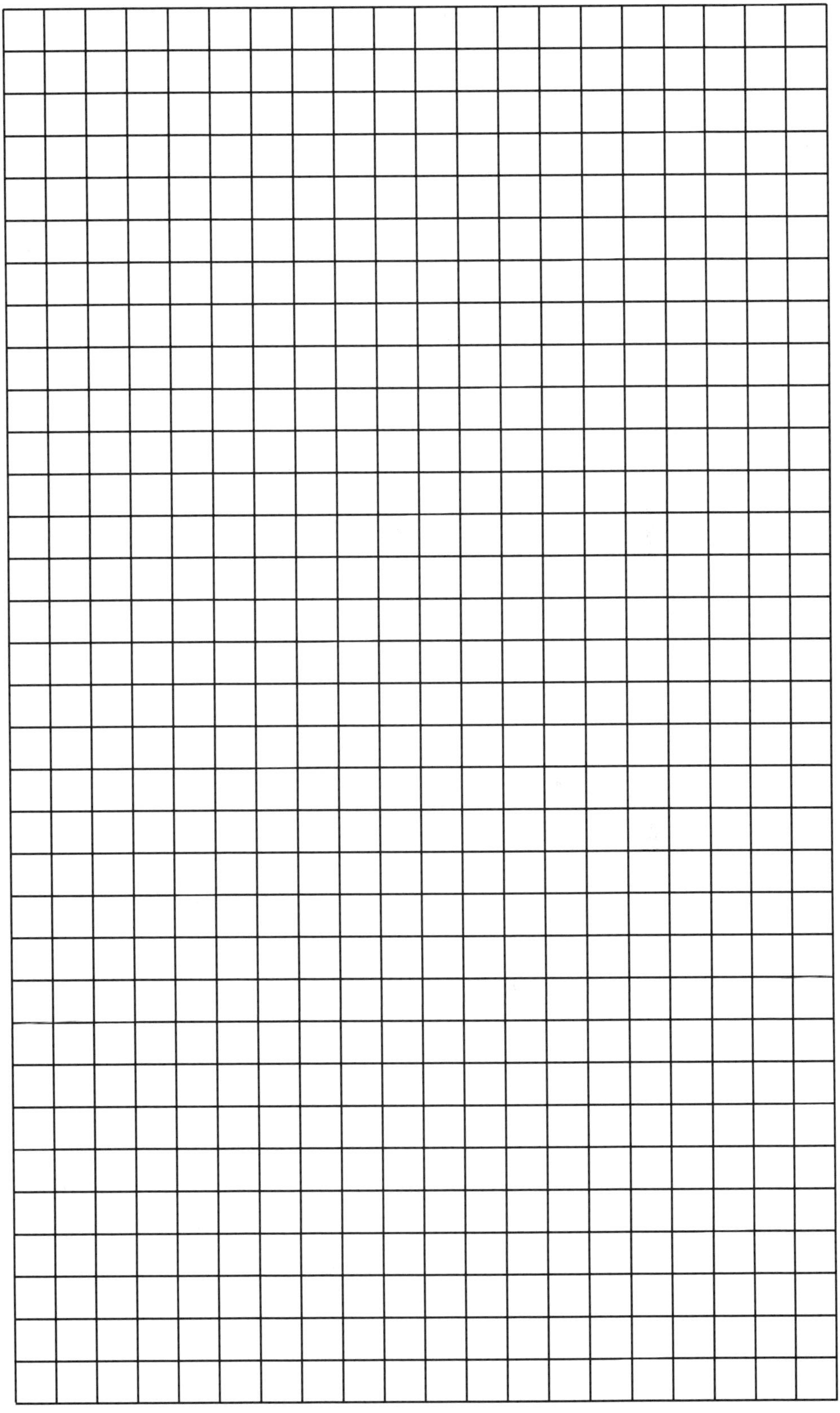

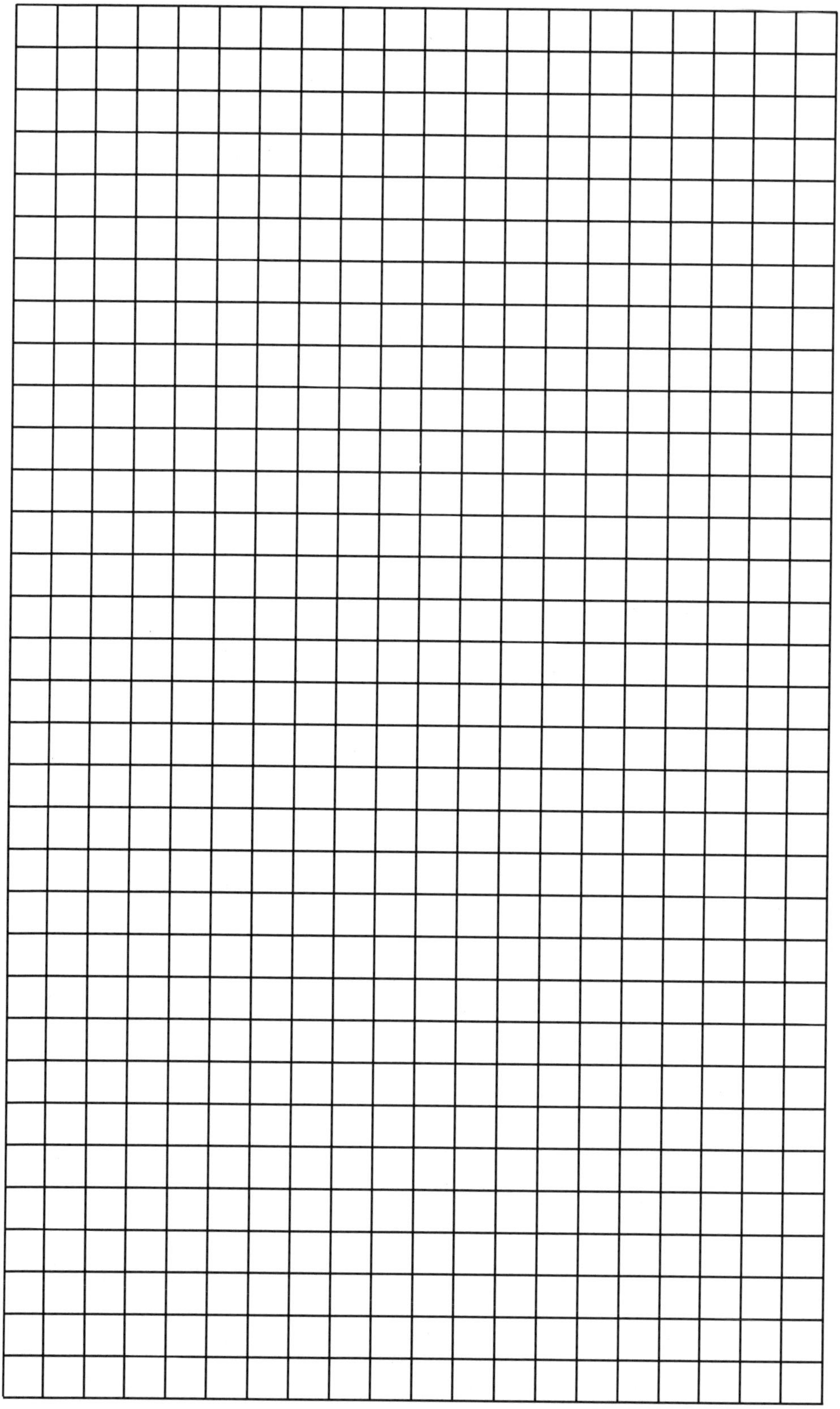

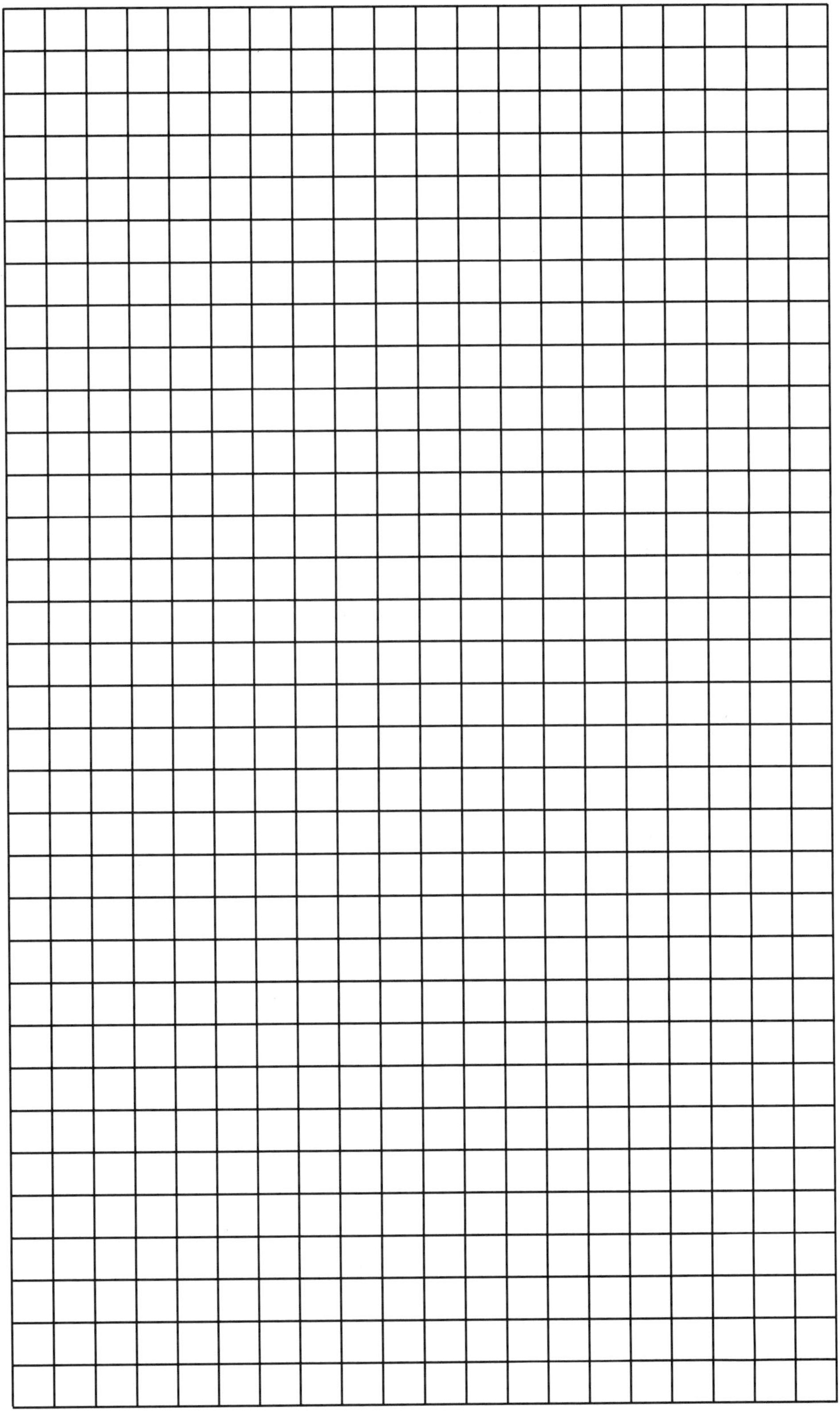

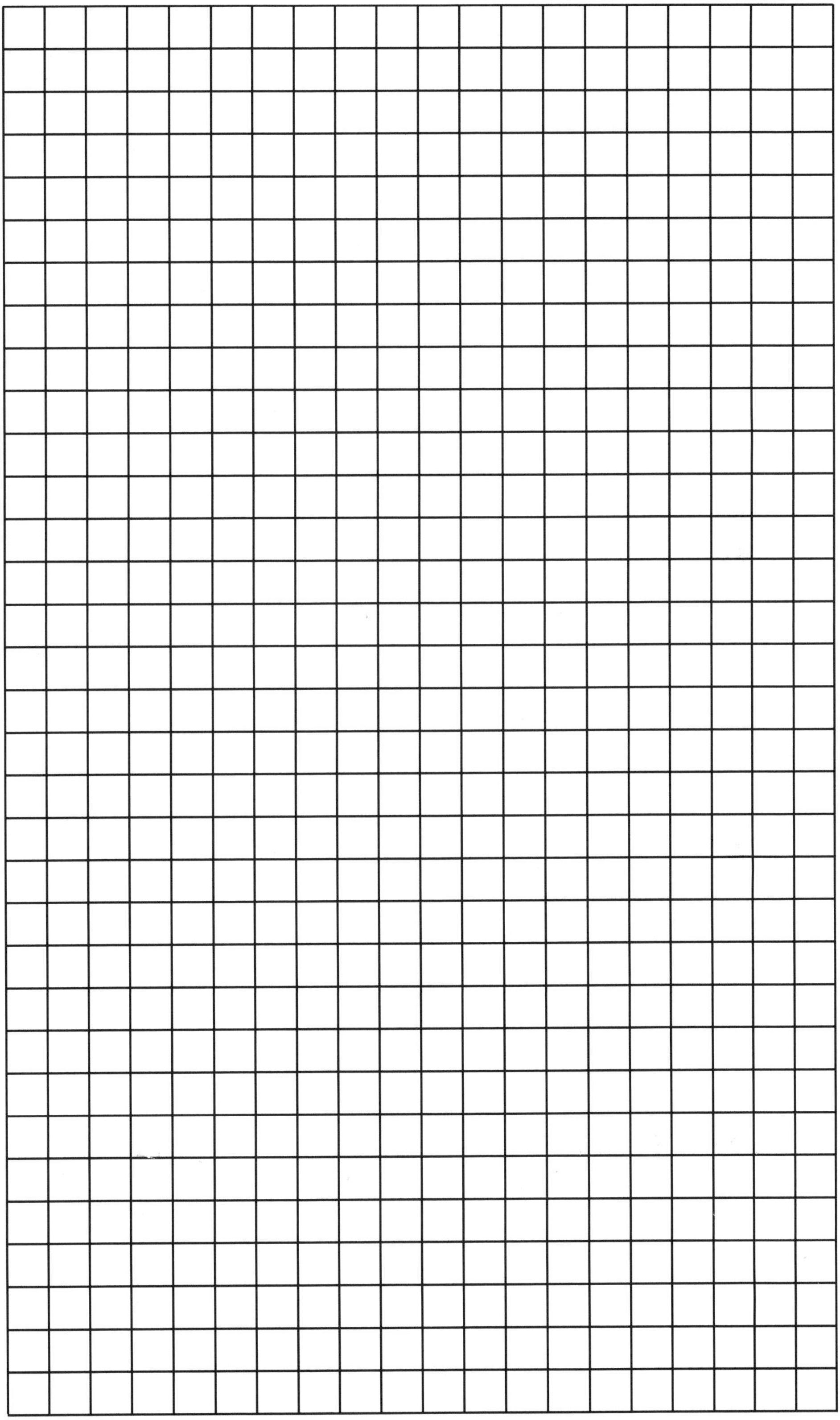

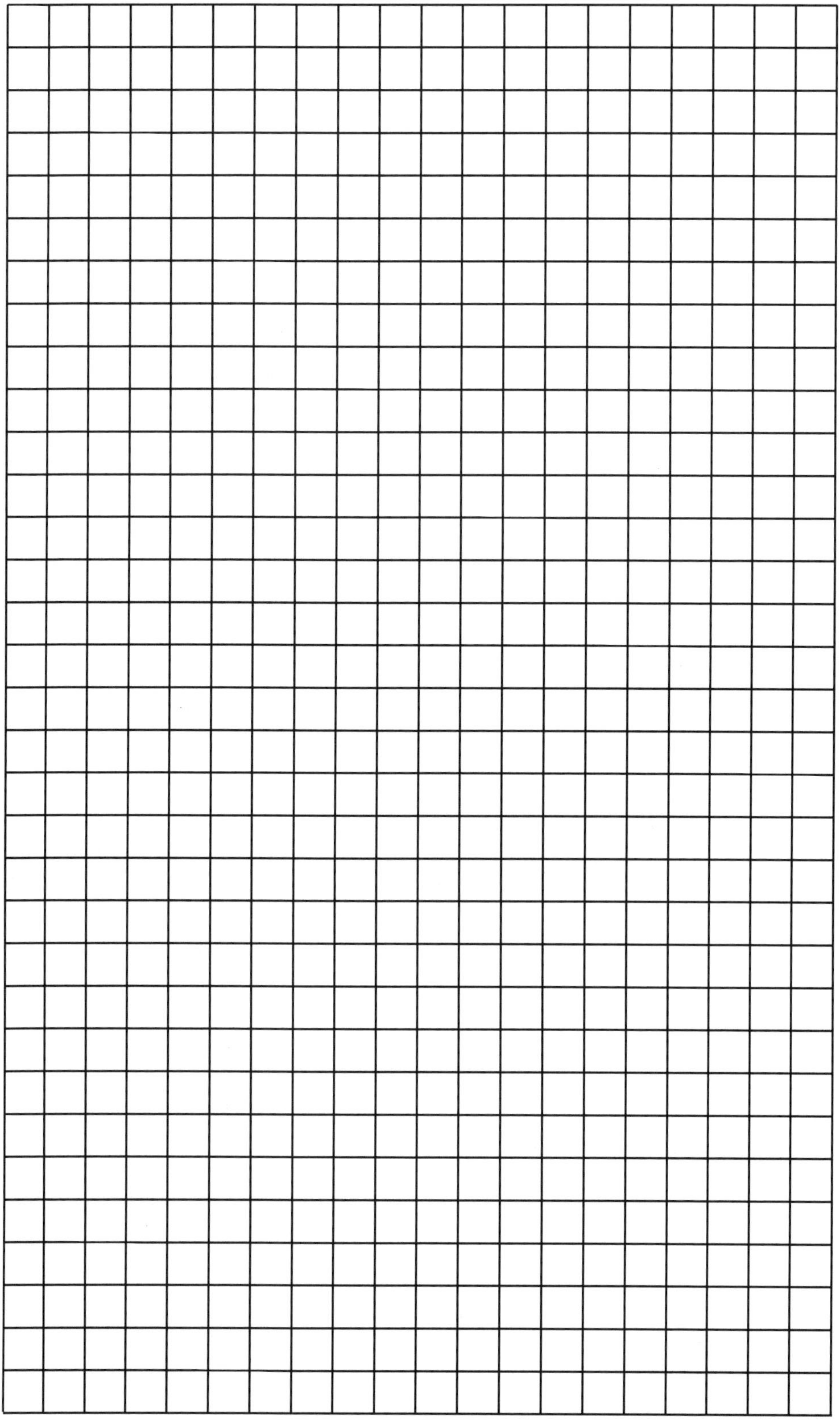

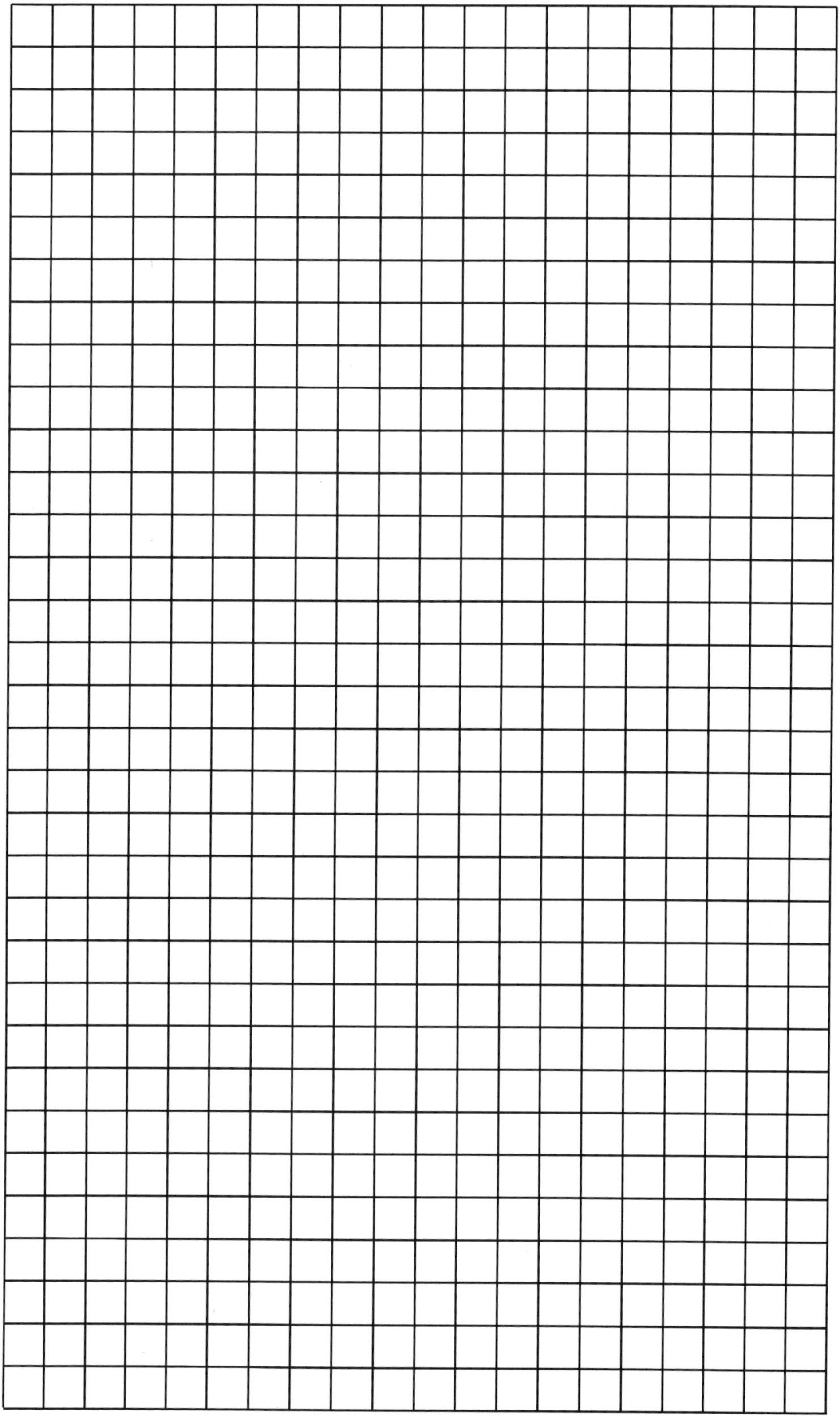

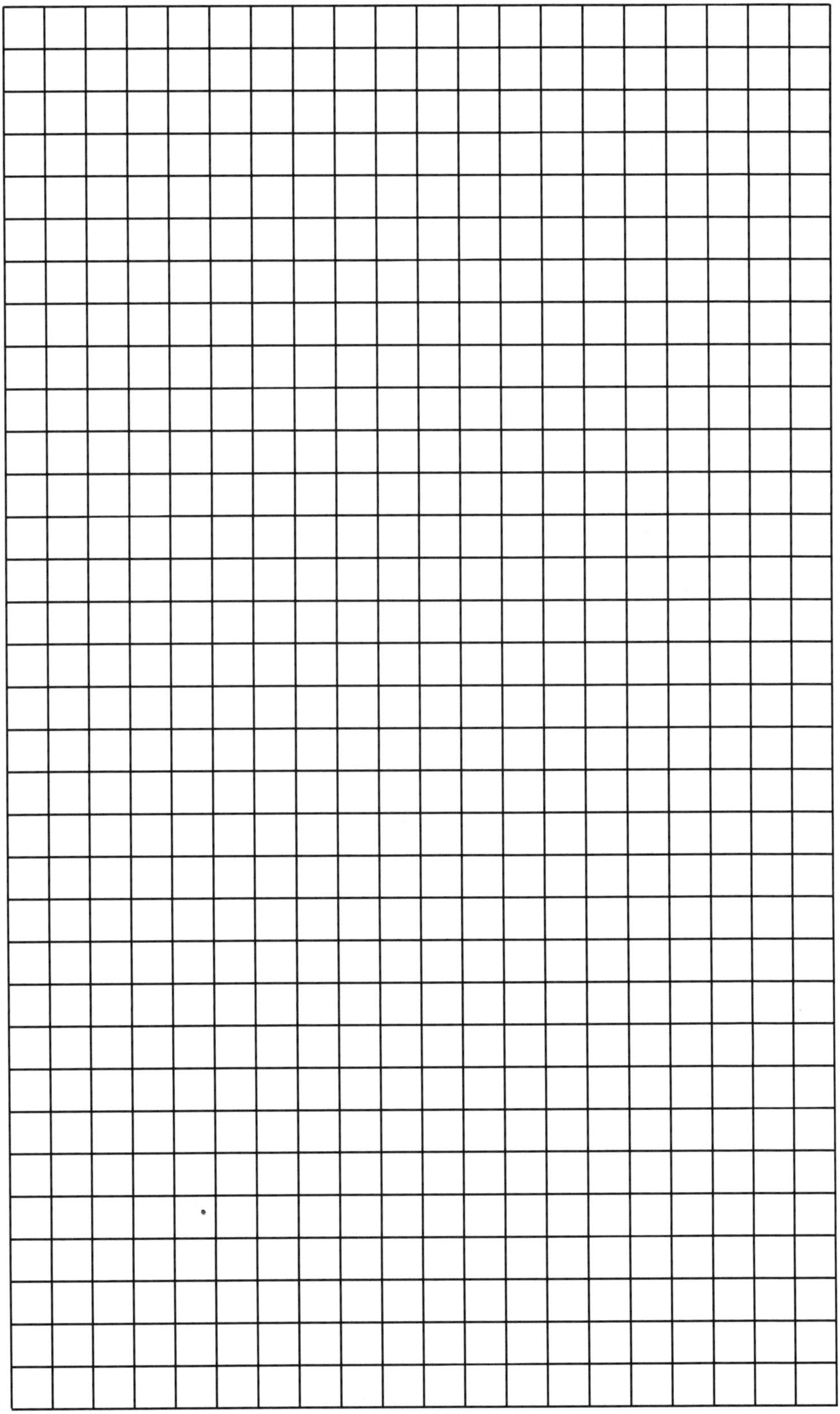

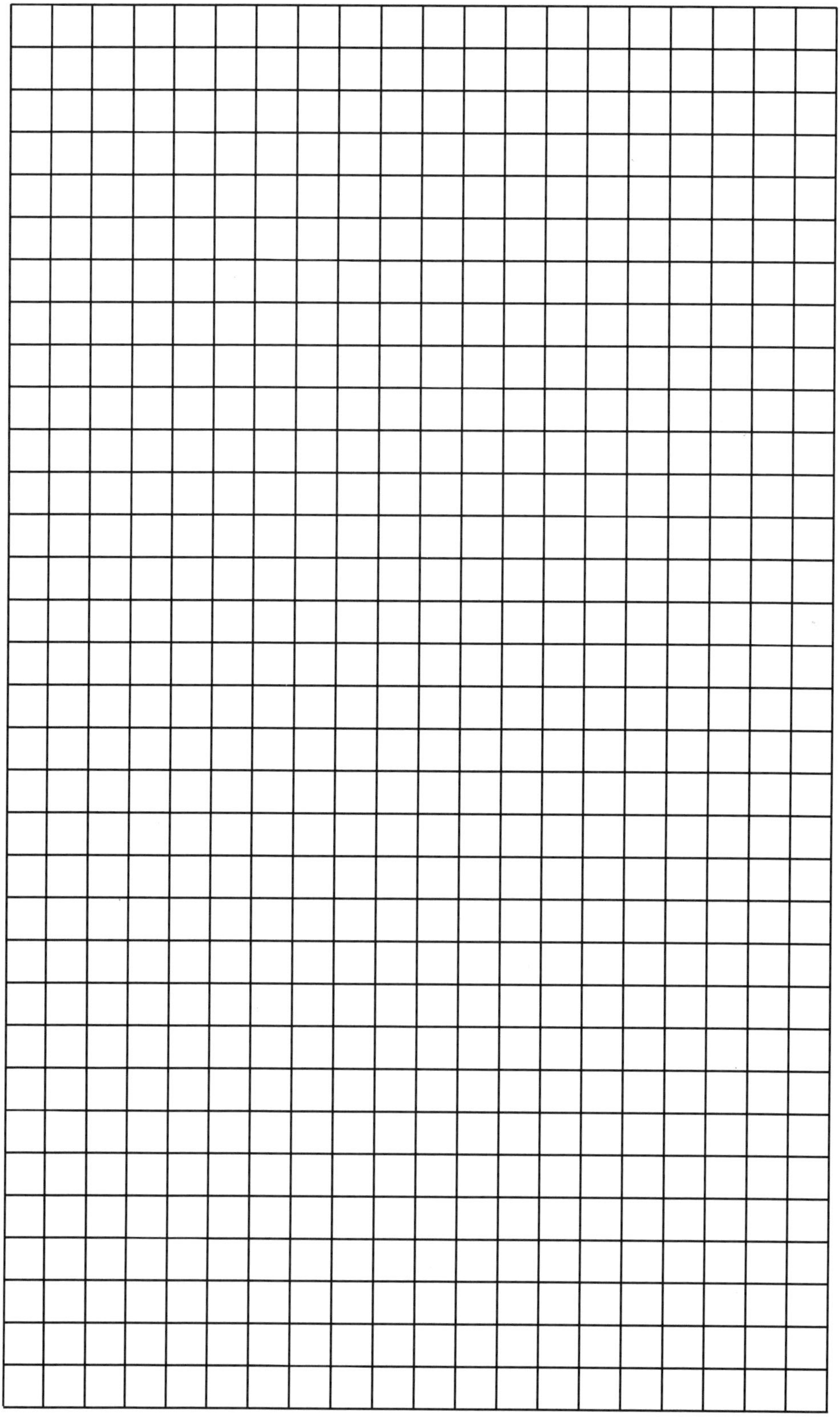

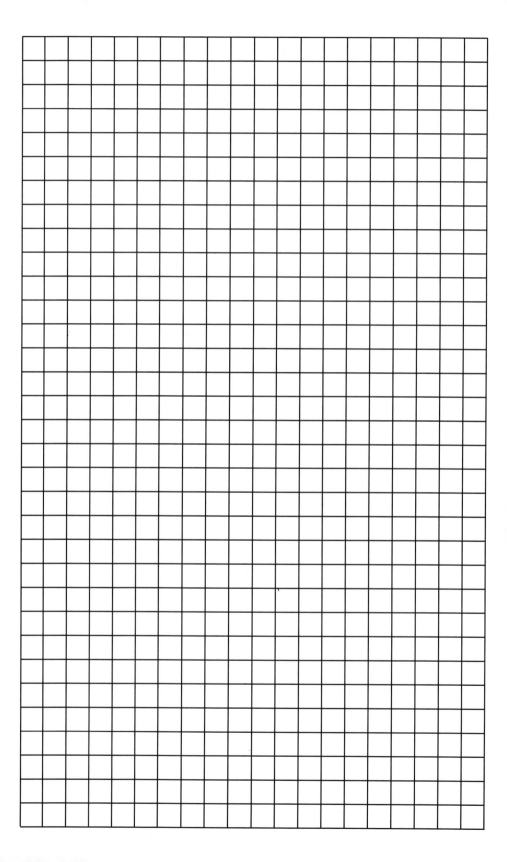

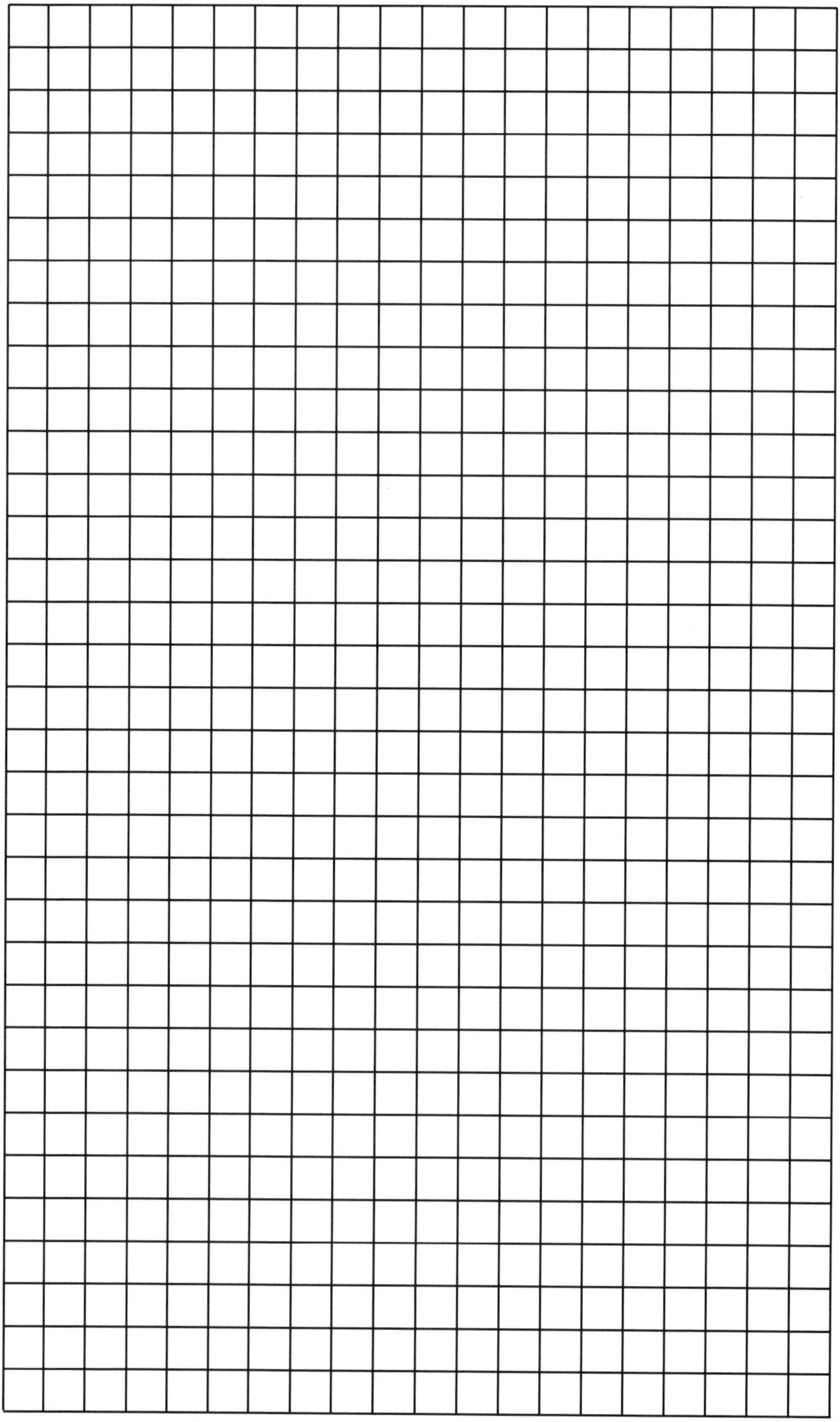

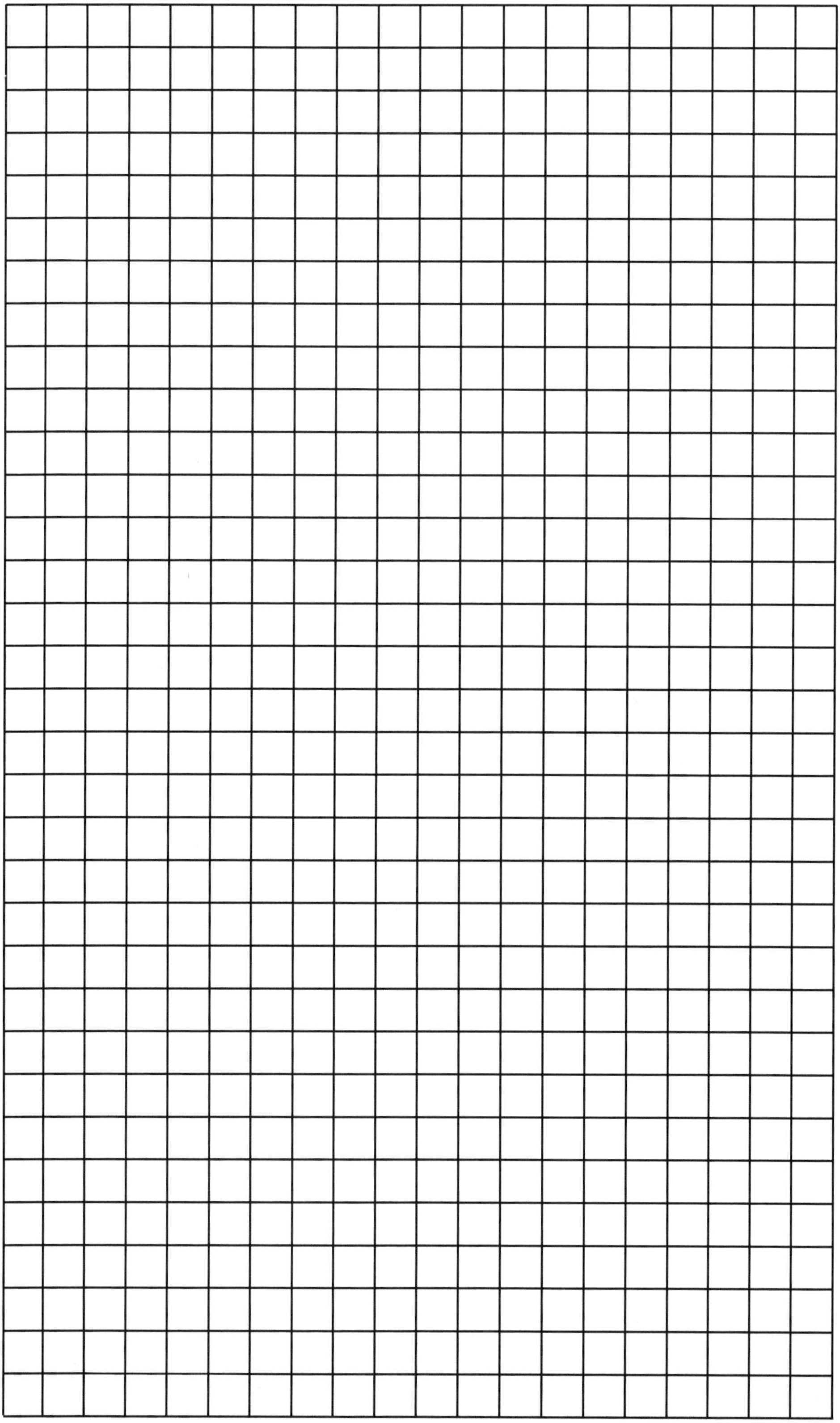

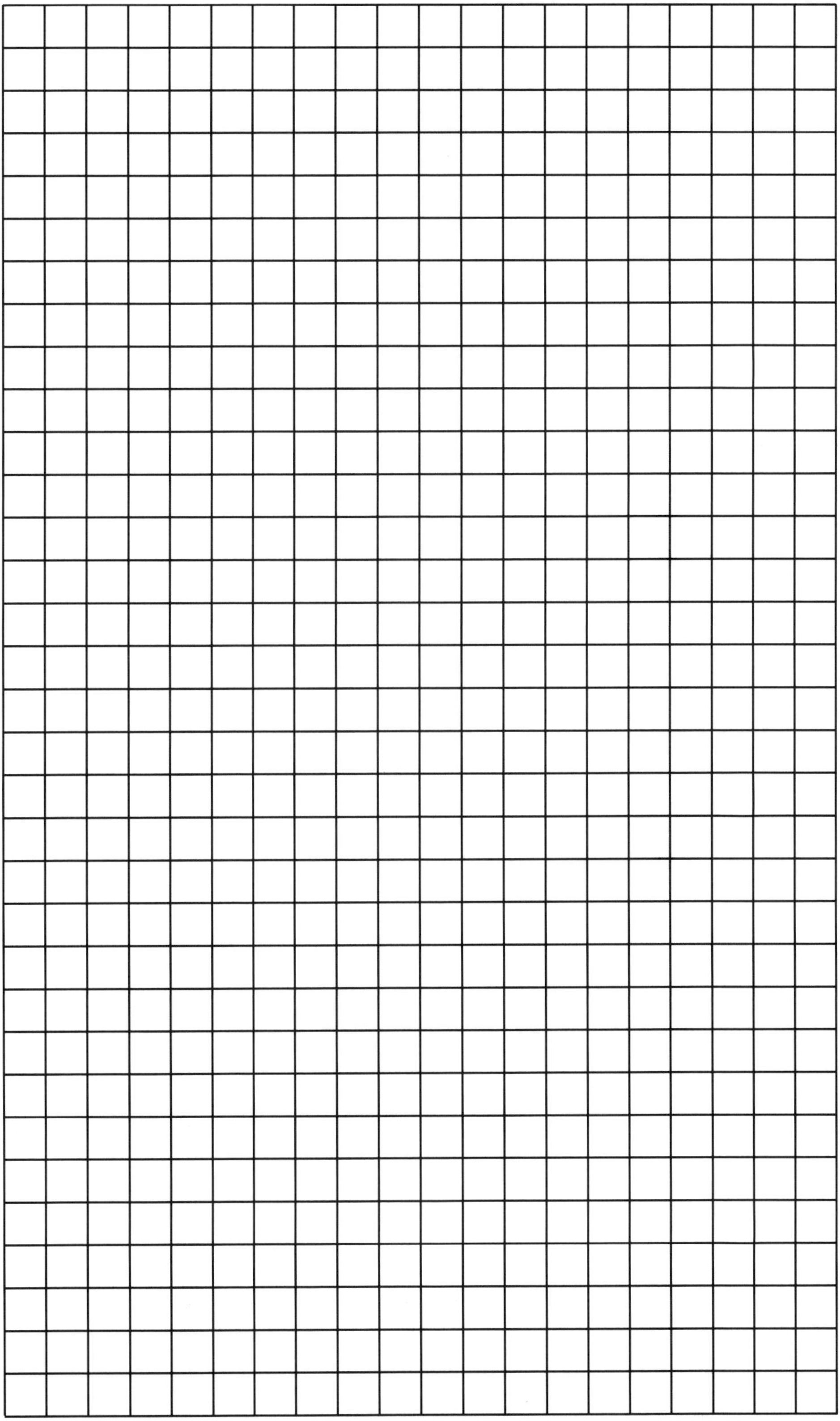

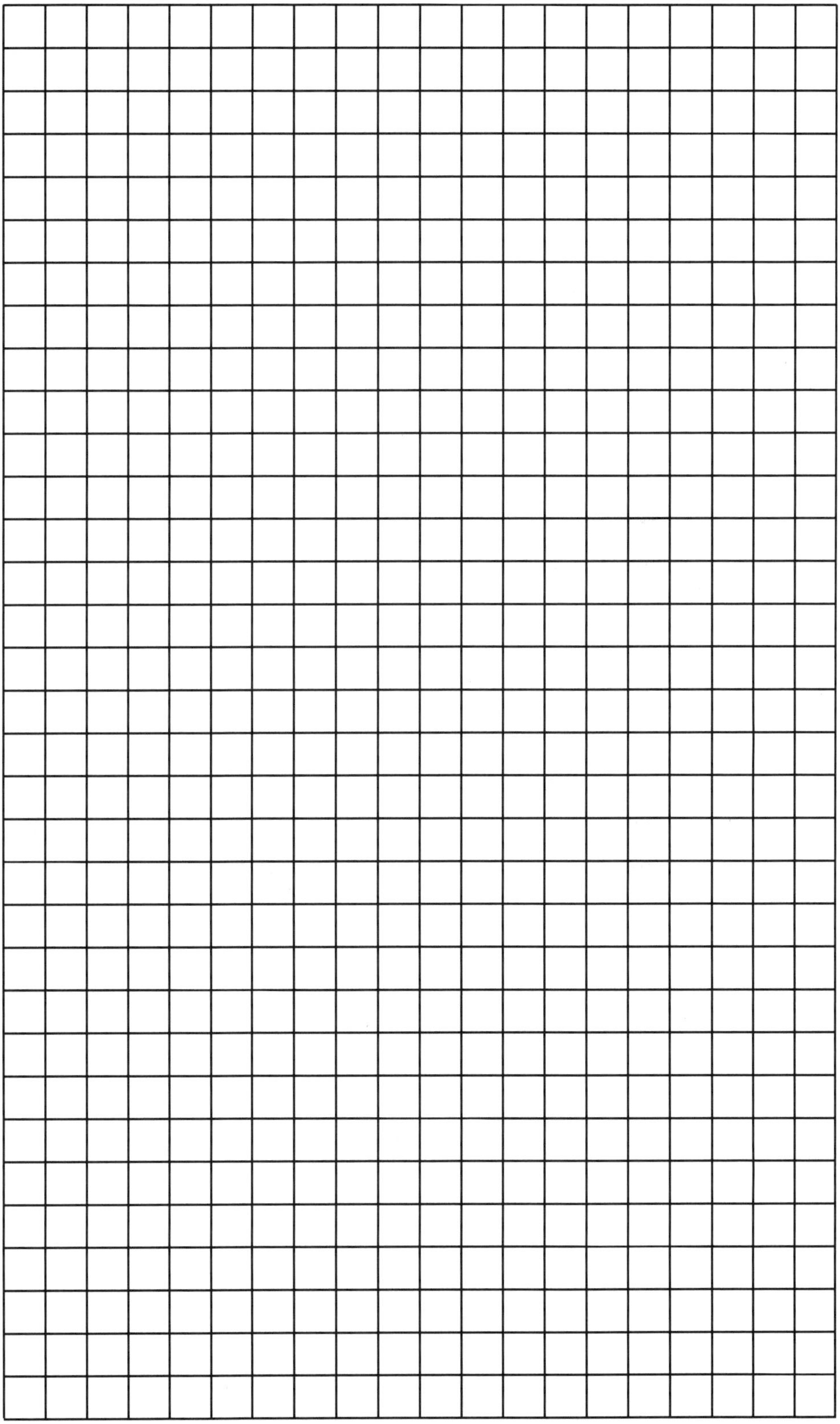

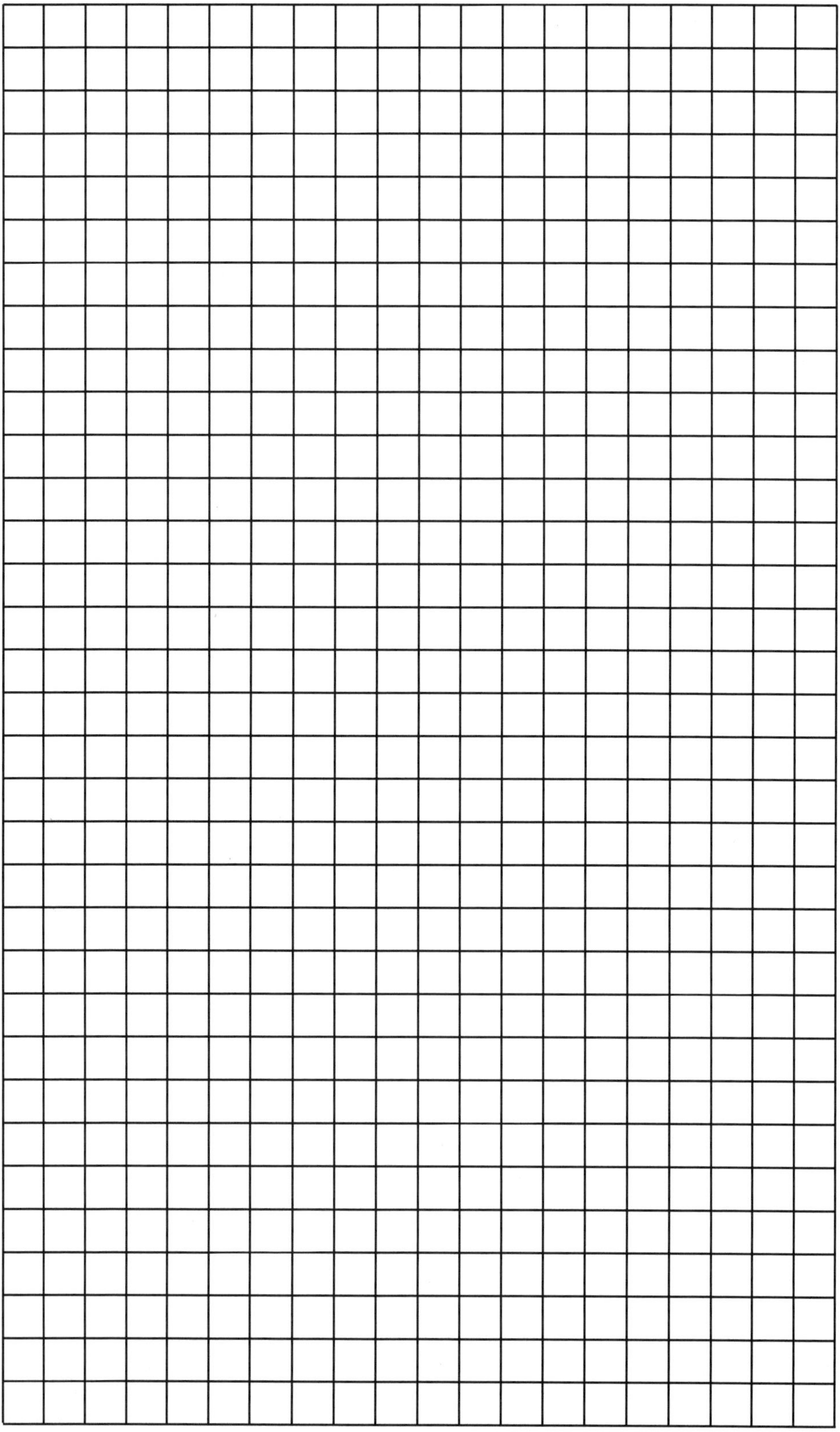

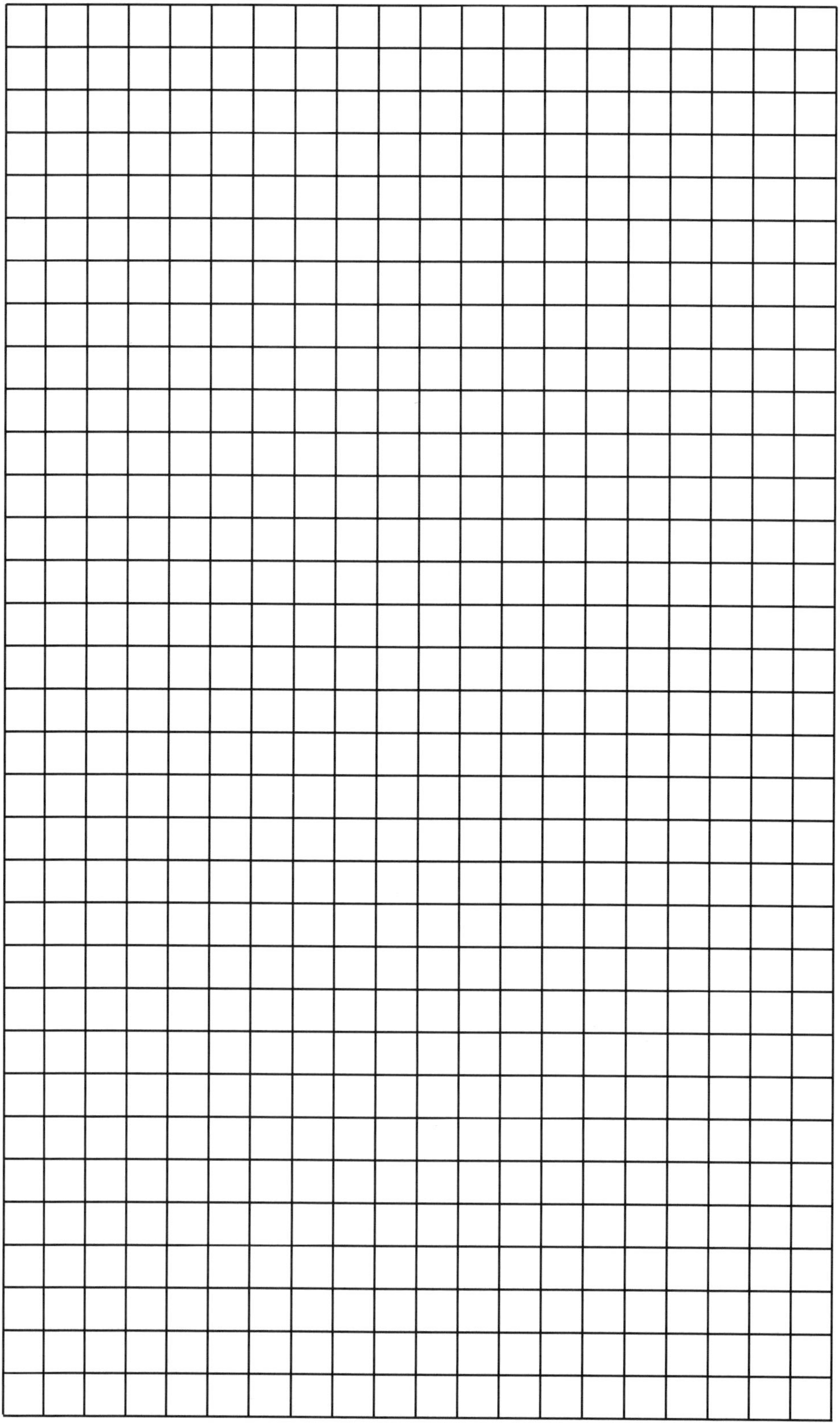

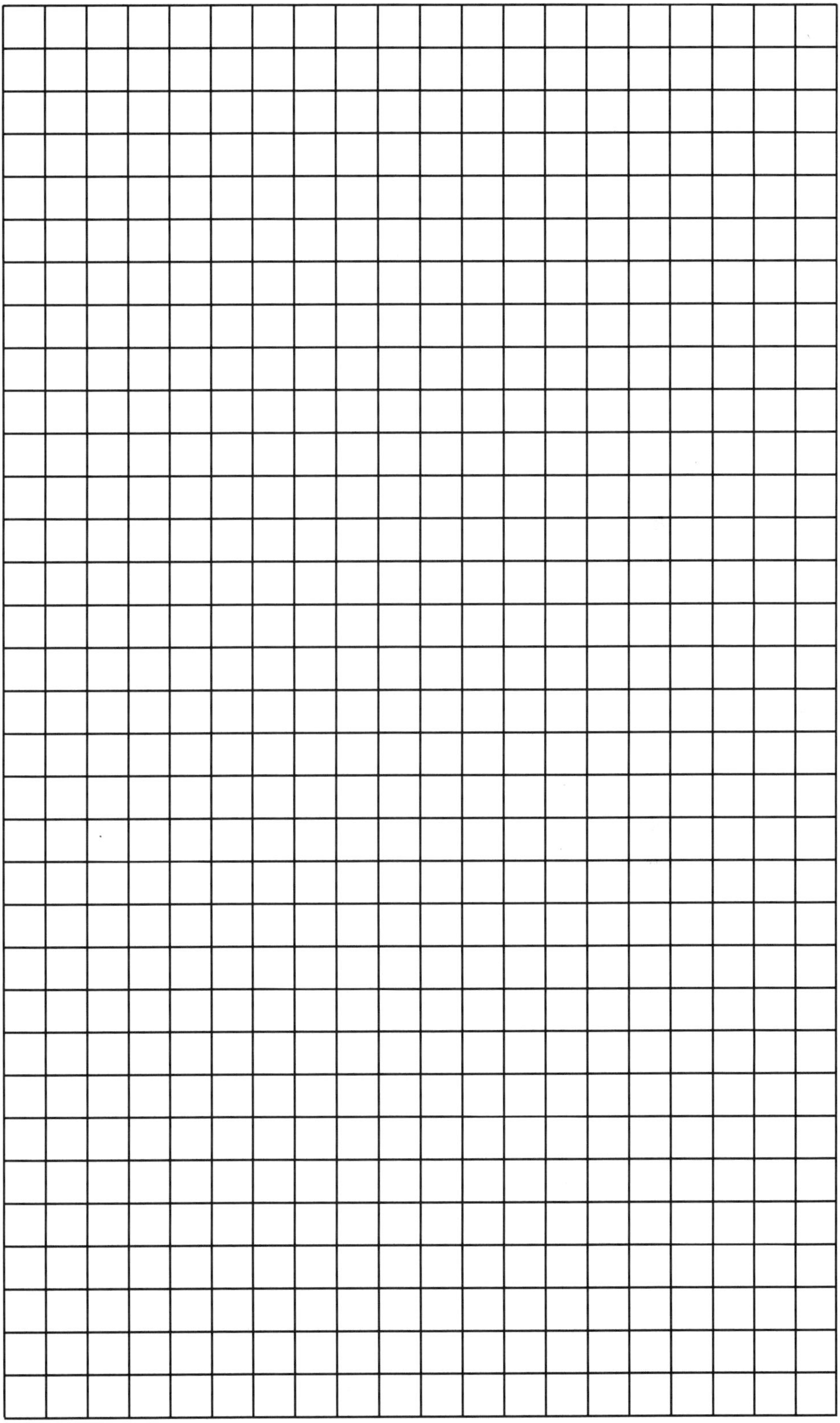

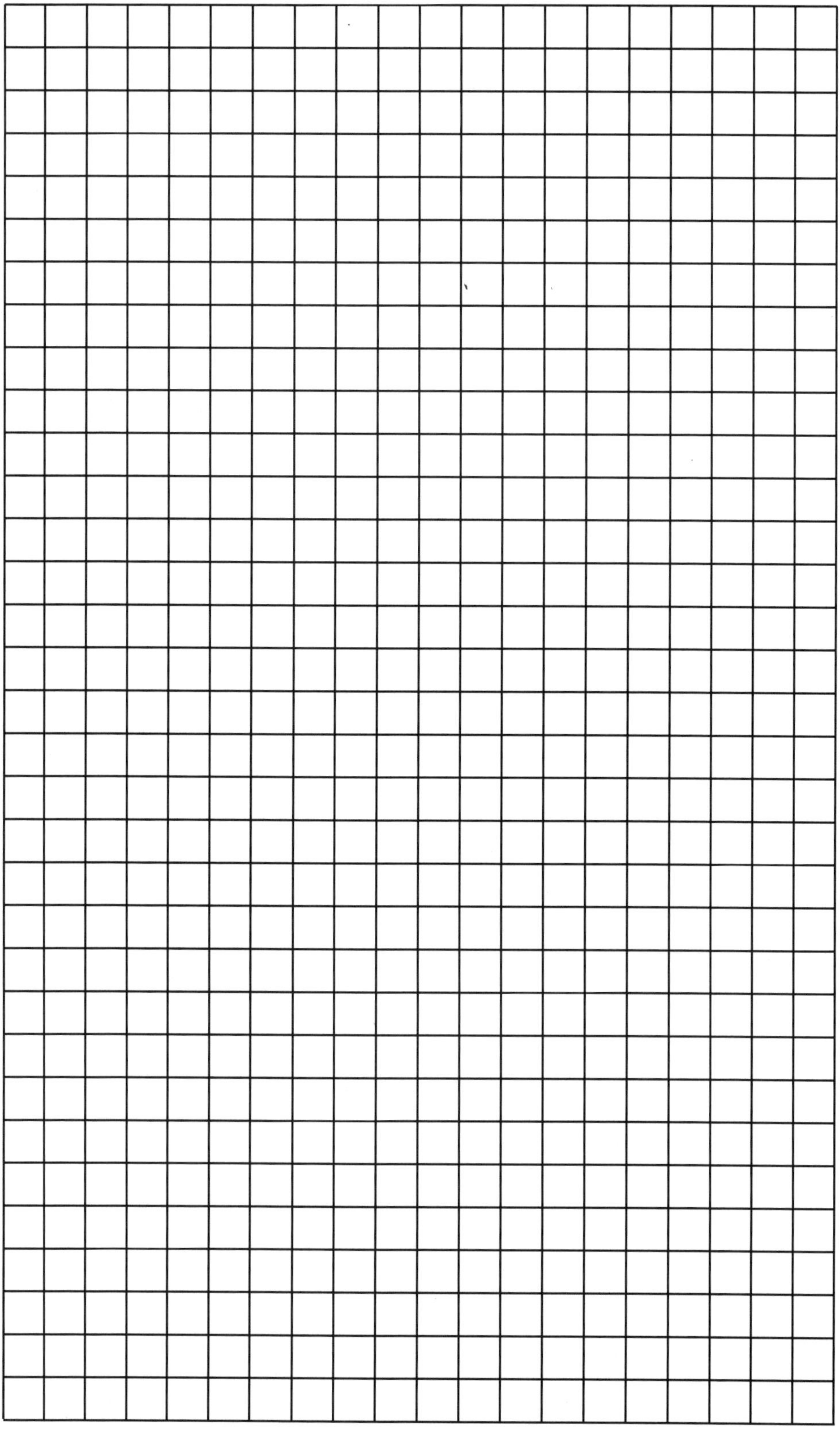

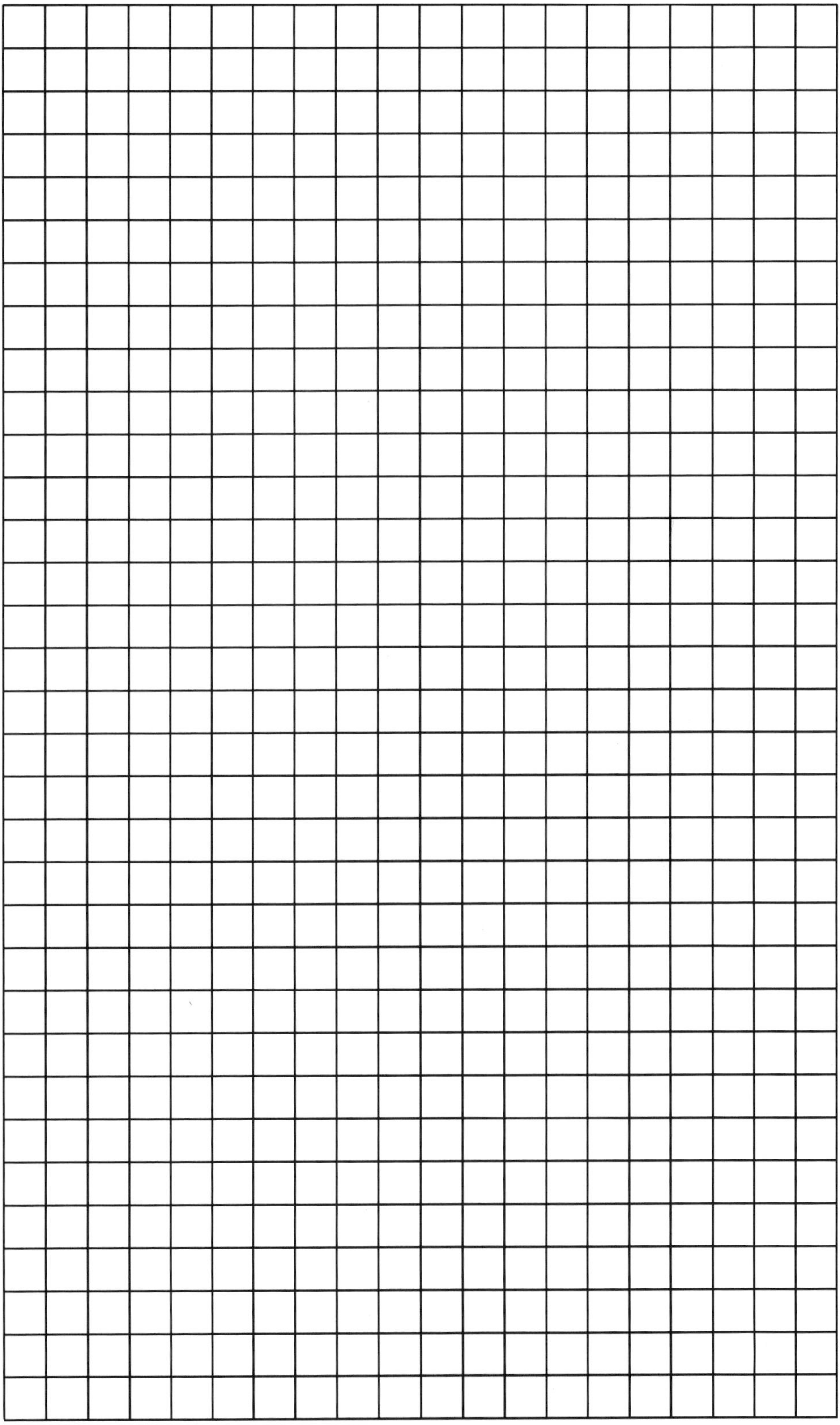

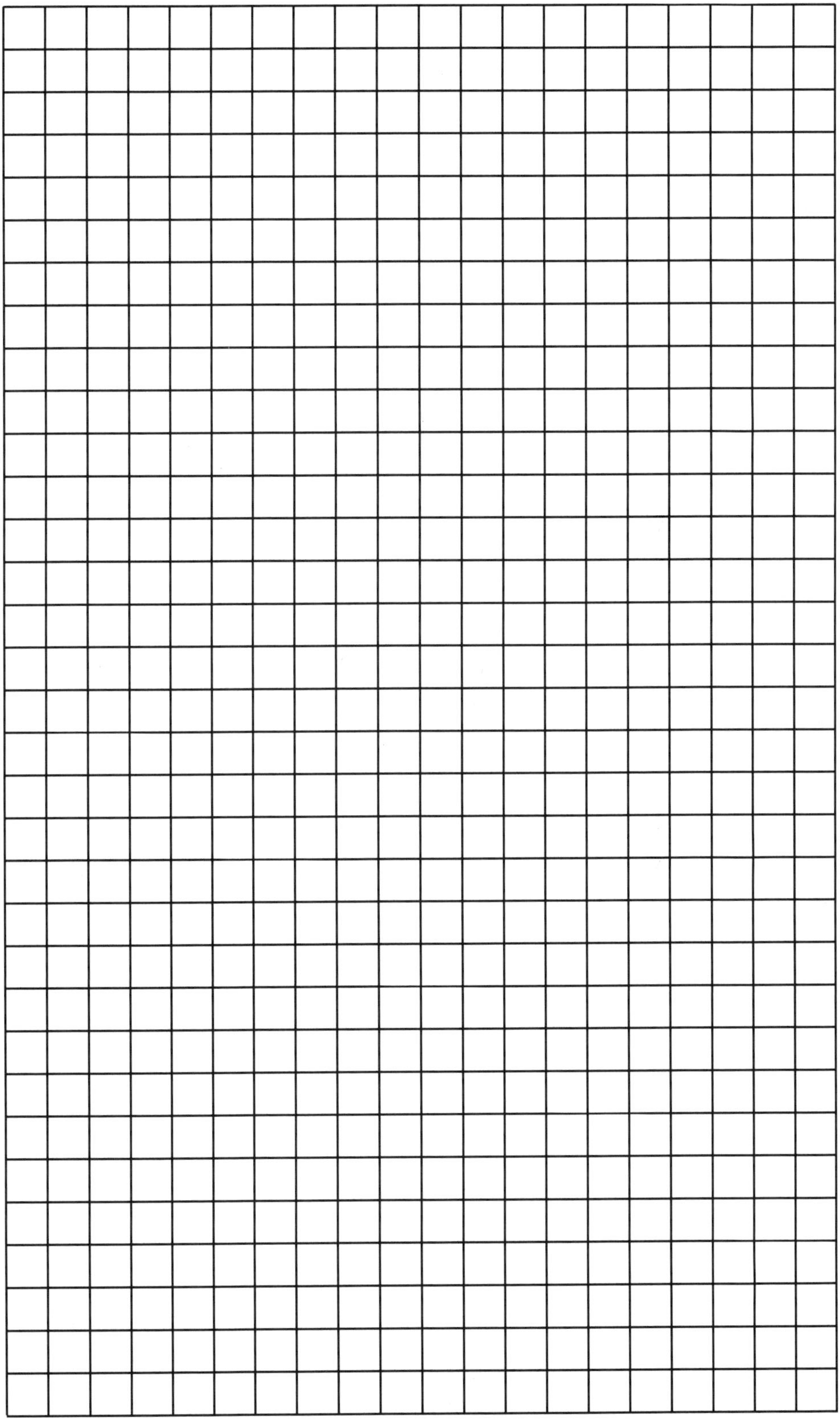

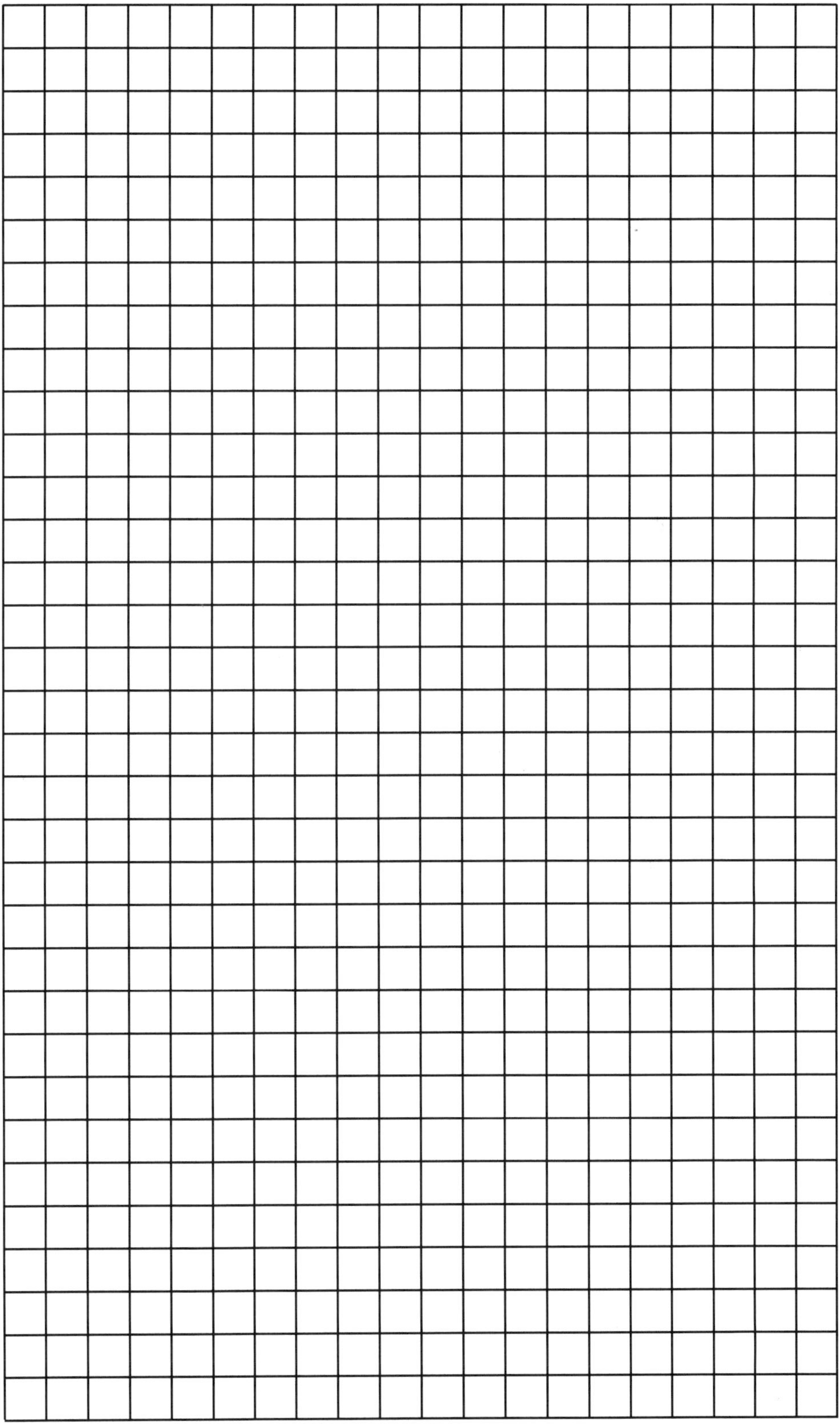

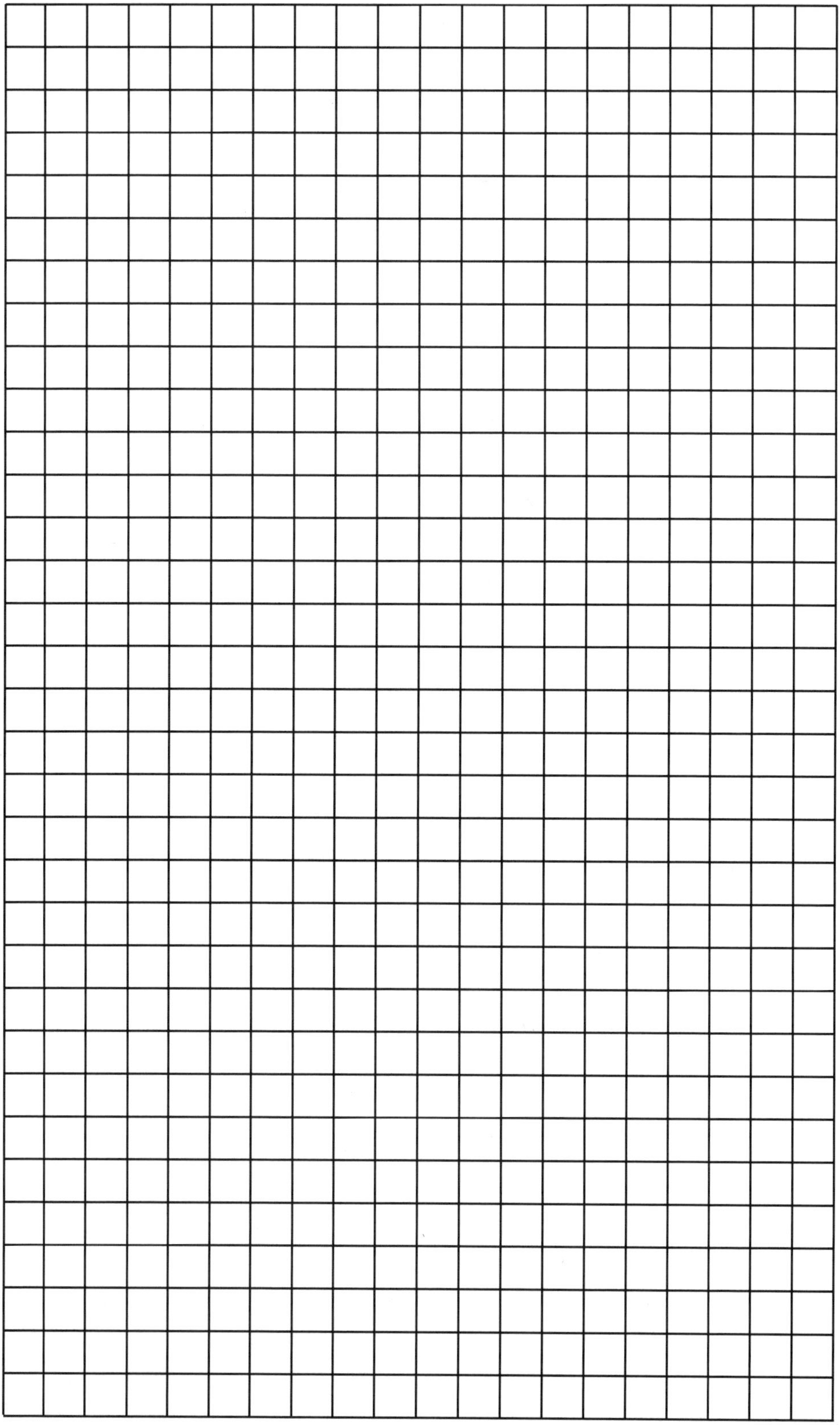

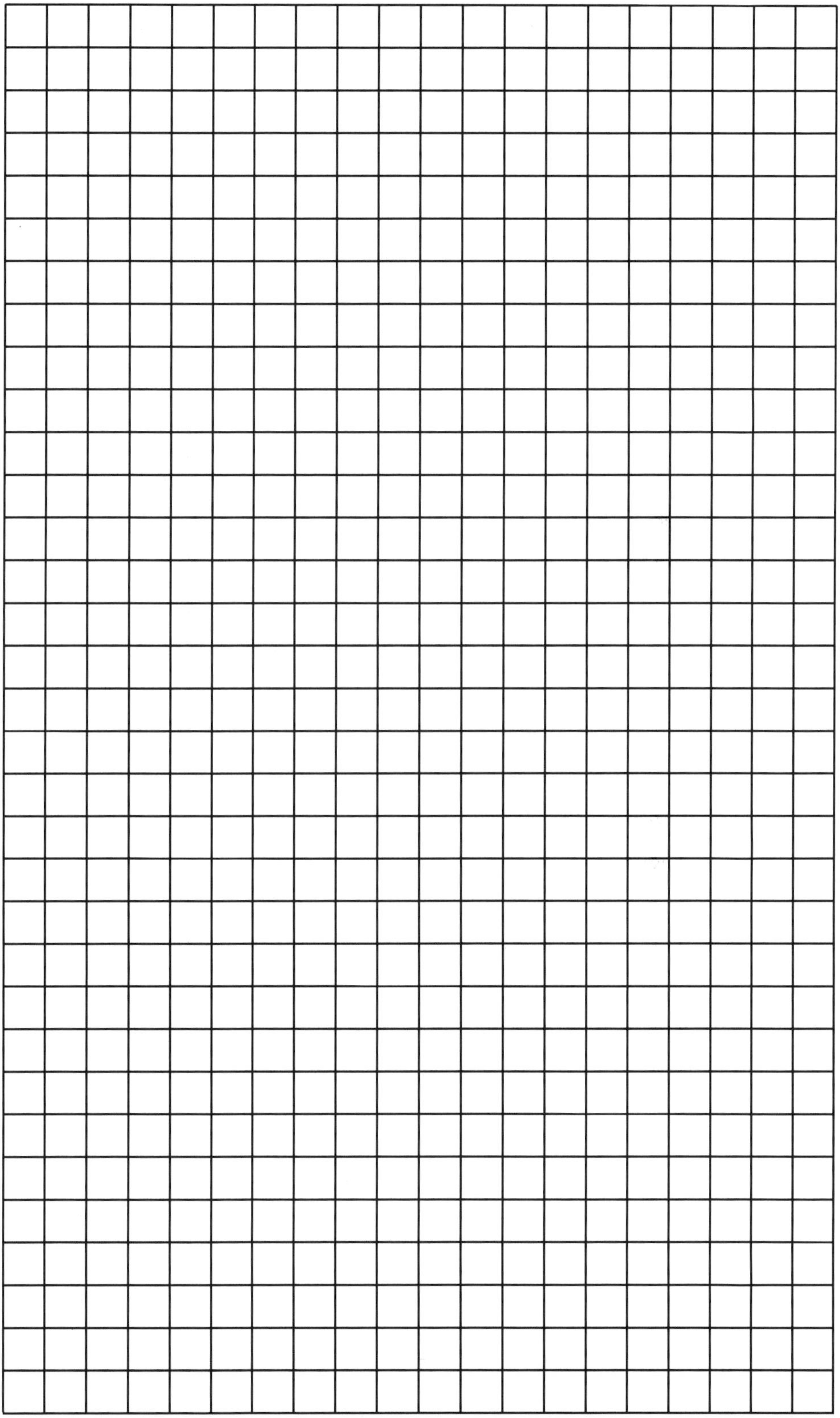

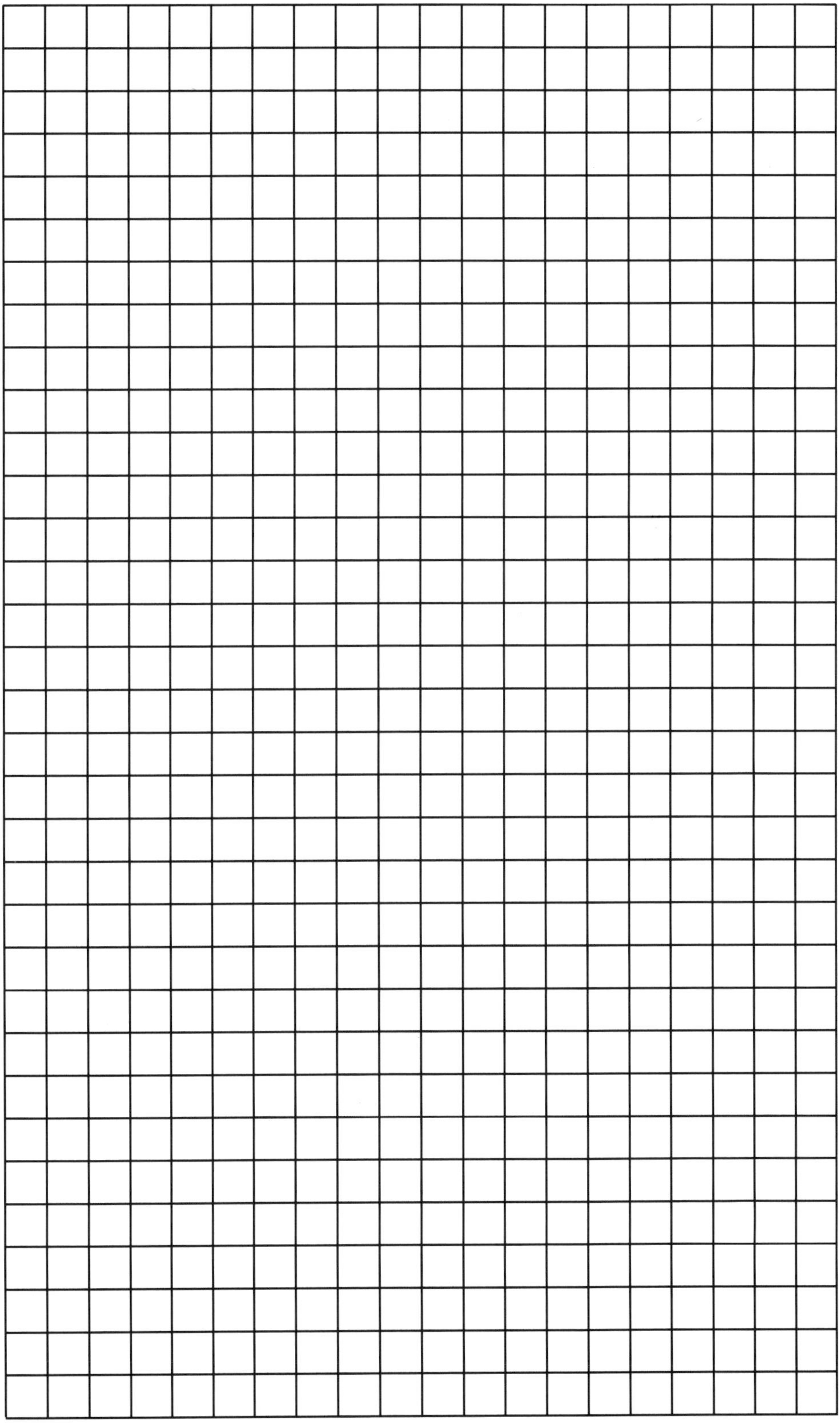

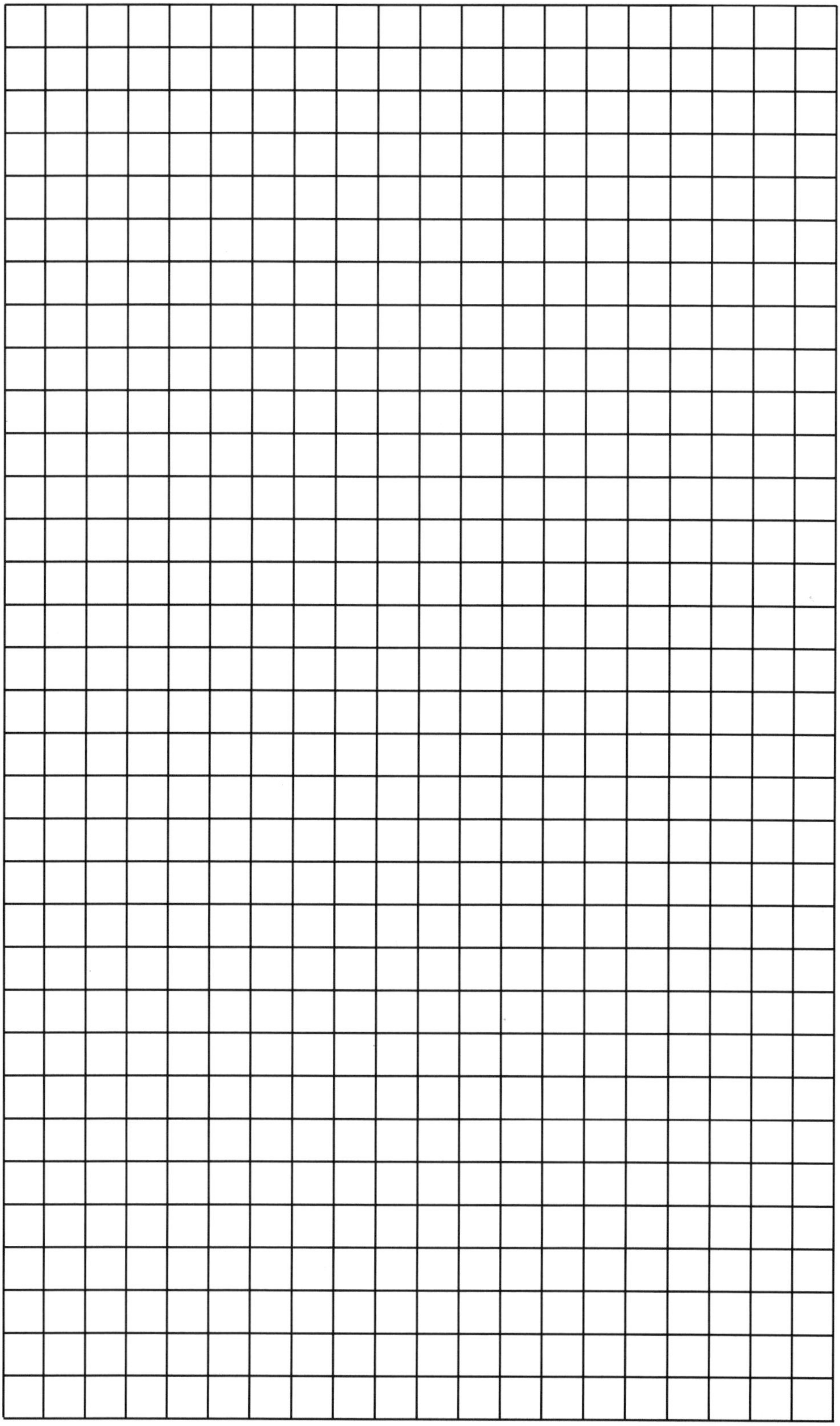

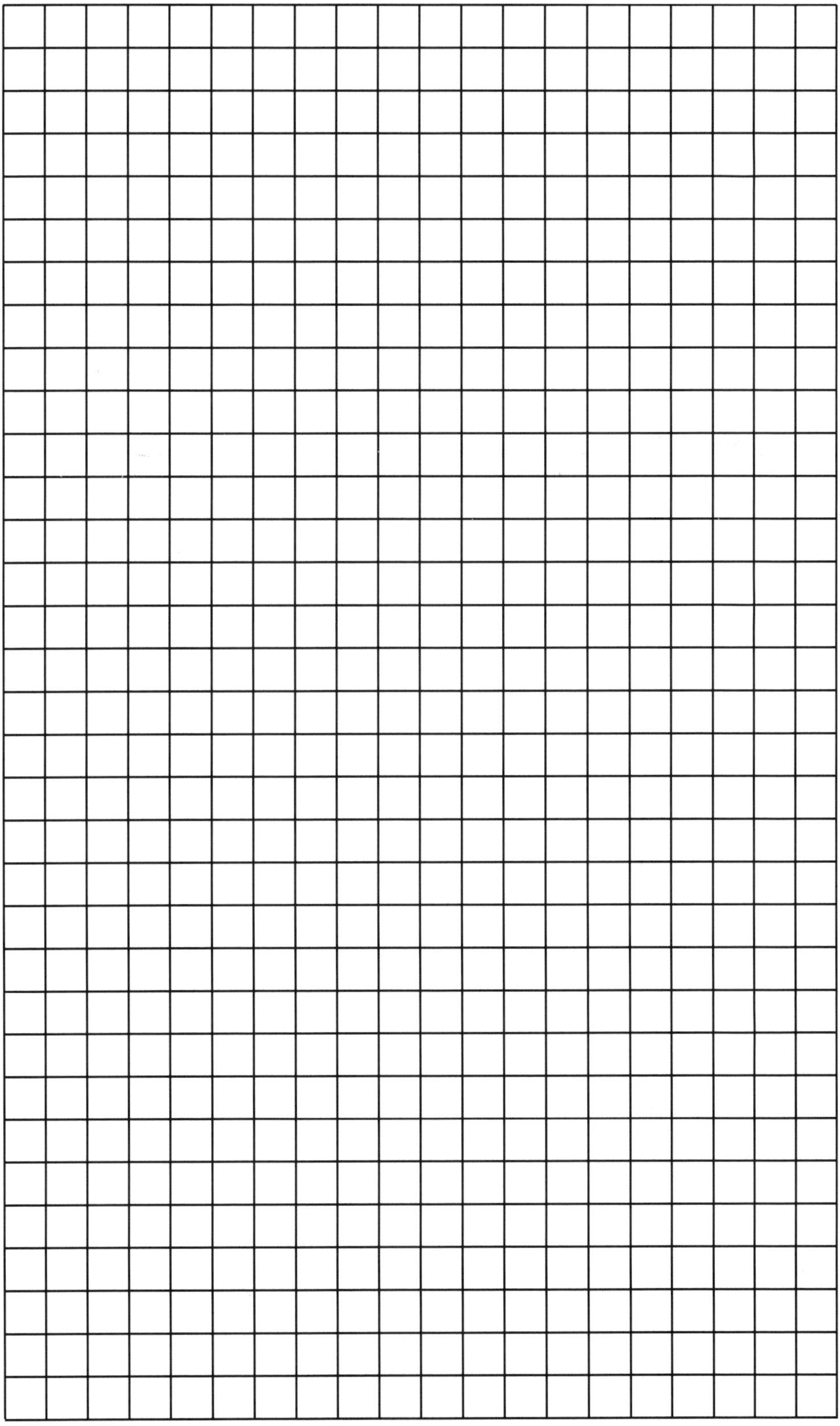

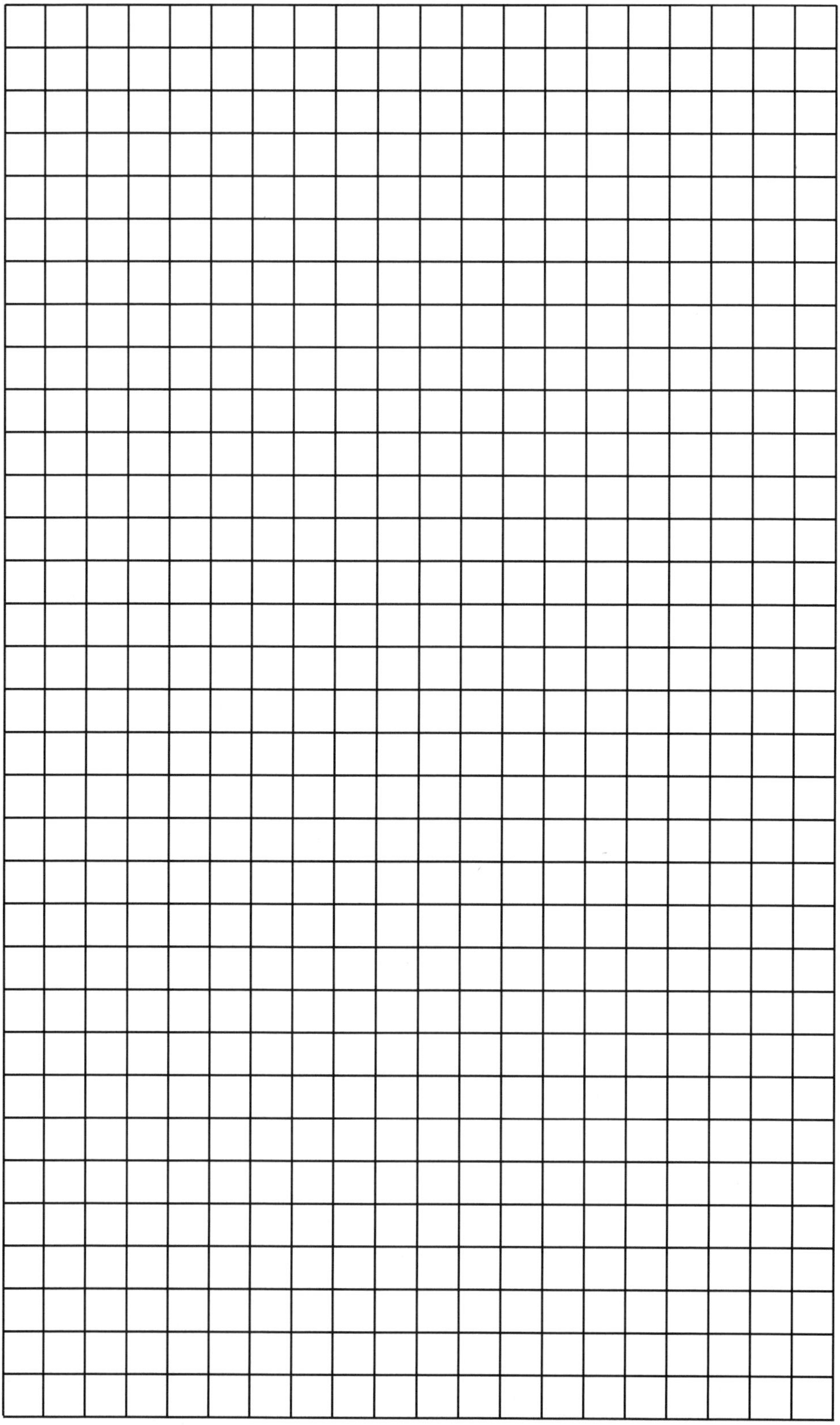

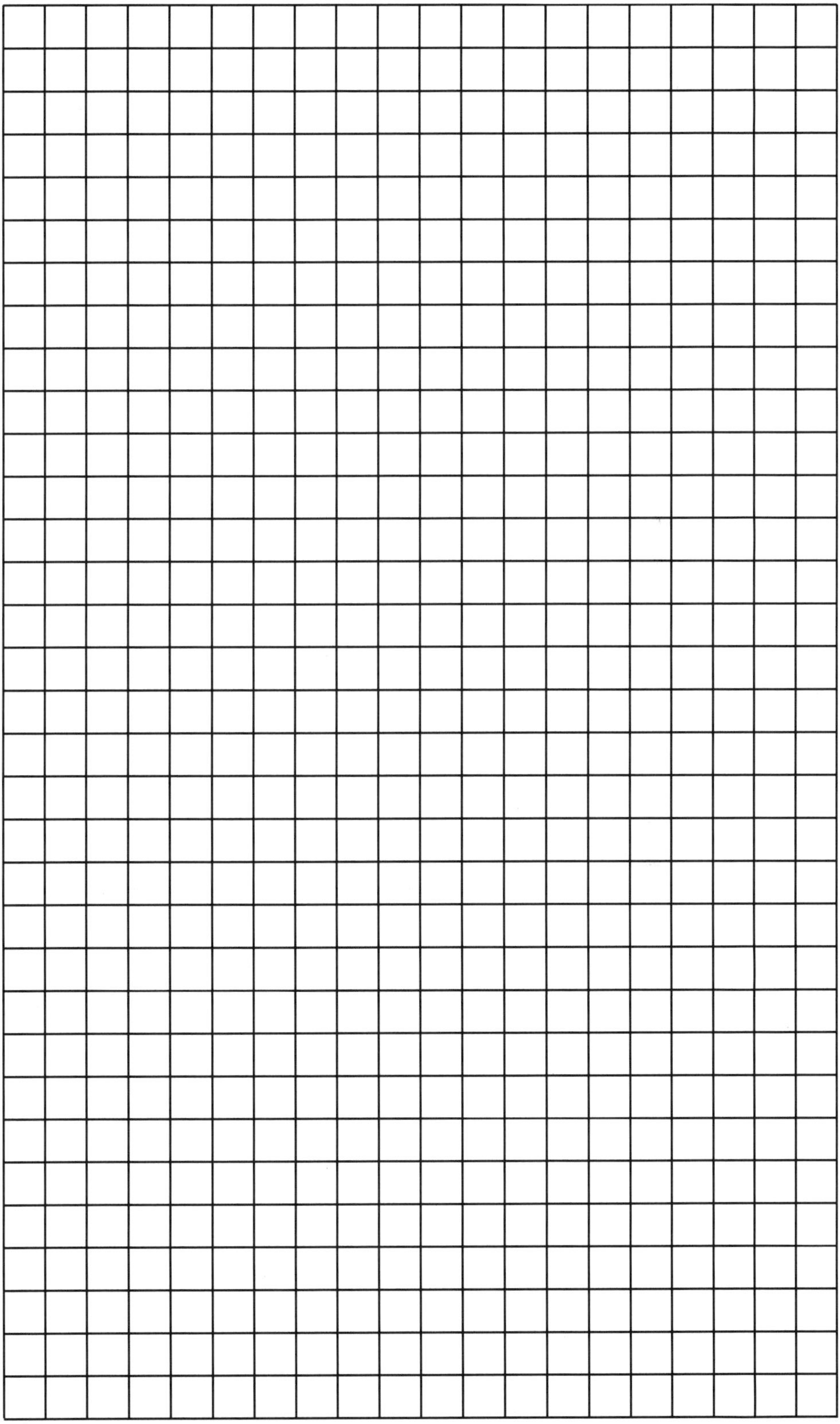

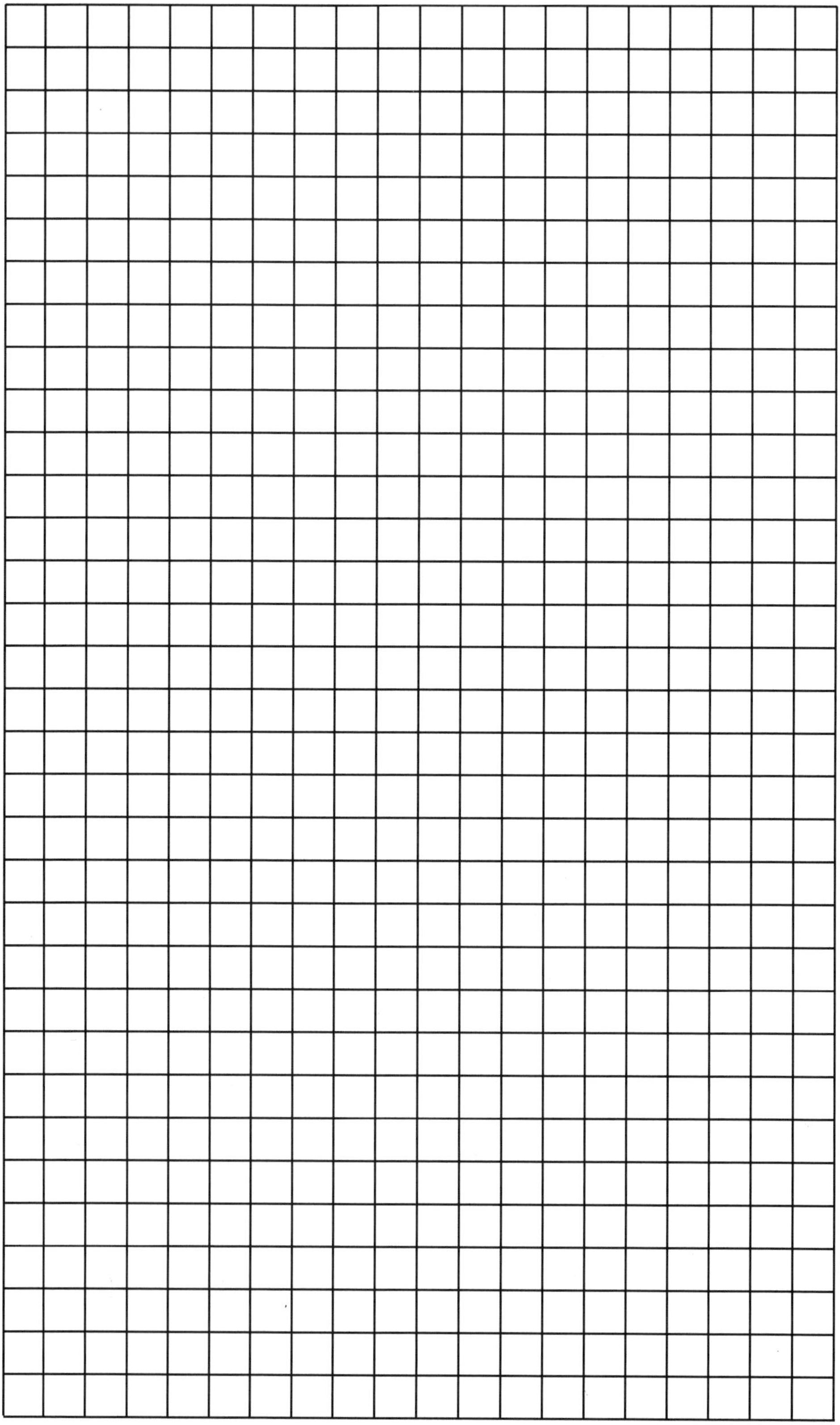

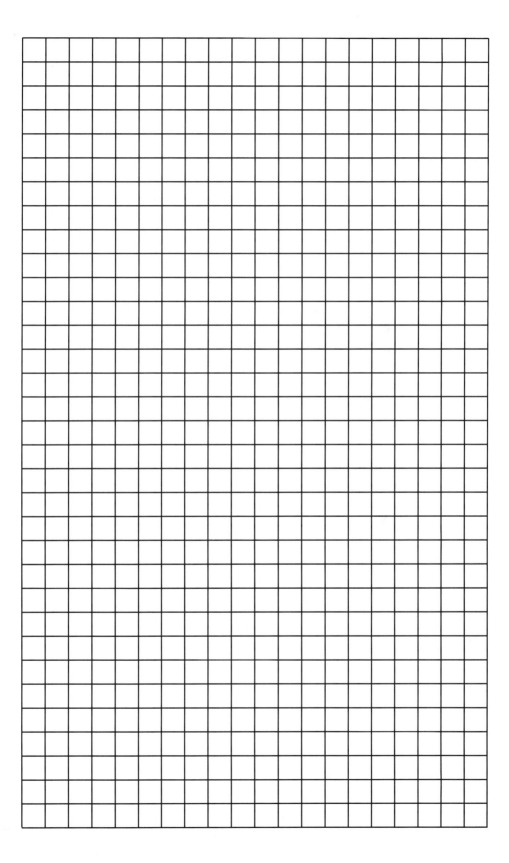

Impressum:
Dimitri Wolter
Piepers Weg 2a
31637 Rodewald
dm4design@gmx.de

Made in the USA
Columbia, SC
14 February 2025

53815525R00067